Latifa Gallo

SE LIBÉRER des émotions négatives

Les identifier et les apprivoiser

LAROUSSE POCHE

SE LIBÉRER des émotions négatives

Direction de la publication : Isabelle Jeuge-Maynart et Ghislaine Stora
Direction éditoriale : Émilie Franc
Direction artistique : Géraldine Lamy
Suivi éditorial : Bethsabée Blumel (pour la première édition),
Laure Sérullaz (pour la présente édition)
Conception graphique : Aurore Élie
Réalisation : Nord Compo
Illustrations : Alain Boyer
Couverture : Aurore Élie
Fabrication : Donia Faiz

Illustration de couverture : © Shutterstock

ISBN 978-2-03-600340-8

SOMMAIRE

INTRODUCTION

Nous sommes habités en permanence par des émotions. Si nous nous accommodons aisément des émotions positives, nous vivons plus difficilement les émotions négatives. Elles nous perturbent, nous déstabilisent et nous ne savons que faire pour les apaiser. De surcroît, nous ne les repérons pas forcément, et quand nous les identifions, elles nous font peur. Nous craignons la peur, l'angoisse, la tristesse, la colère. Et pour éviter d'y être confrontés, nous les refoulons, nous ne les écoutons pas, nous les bâillonnons. Mais c'est sans compter leur intelligence et leur ténacité car elles vont s'arranger pour s'exprimer tôt ou tard, d'une manière ou d'une autre, souvent à notre insu.

Nous devons vivre nos émotions car elles sont la vie.

Et lorsque nous aurons intégré cet état de fait, nous pourrons en faire nos meilleures ennemies. Car il ne s'agit ni de les gérer ni de les maîtriser mais bien de les apprivoiser.

Les émotions ne sont pas rationnelles et c'est ce qui nous effraie car notre monde occidental privilégie la raison et l'intellect. Pour preuve, la survalorisation du quotient intellectuel dans l'éducation alors que nous savons qu'il ne garantit pas une vie équilibrée et heureuse. L'intellect peut sûrement générer de la satisfaction et une reconnaissance sociale, mais les émotions nous montrent aussi la voie vers l'équilibre intérieur.

L'éducation émotionnelle peut se faire à tout âge, c'est en apprenant à nous reconnecter à ce qui est vivant en nous que nous pourrons nous adapter au monde de manière plus harmonieuse.

Notre éducation et la société nous ont appris à ne pas nous écouter. Nous vous invitons à présent à comprendre ce qui se passe en vous. Et vous découvrirez alors que chaque émotion a une fonction positive.

1. DÉCOUVRIR LES ÉMOTIONS

C'est un matin comme les autres. Le réveil sonne et vous peinez à vous lever. La nuit a vraiment été trop courte. Vous appréhendez (LA PEUR) d'avoir à réveiller vos ados qui se sont encore couchés tard hier soir.

Pourtant, ce matin, vos enfants se lèvent sans problème. Cela vous surprend et vous rend presque joyeuse. Jusqu'au moment où votre aîné vous annonce qu'il n'a pas préparé le contrôle de maths. Vous êtes exaspérée (LA COLÈRE) et ne manquez pas de le lui dire. « Vas-y, t'énerve pas ! De toute manière, ça sert à rien les maths », vous répond-il, ce qui a le don de transformer votre colère en fureur !

En déposant vos enfants au collège, l'aîné (le même) vous demande de le laisser au bout de la rue, car c'est « la honte devant les copains que ma daronne (mère en langage ado) m'accompagne ! » (LA HONTE). Et vous voilà déçue (LA TRISTESSE) de constater qu'il n'est plus fier de sa maman.

Dans les embouteillages, vous vous énervez en pensant à votre retard au brief du matin (L'ANXIÉTÉ). Cet automobiliste qui tarde à démarrer au feu vert vous énerve au plus haut point, un bon coup de klaxon va le remuer un peu !

Sur la route, une publicité sur les îles Baléares vous rappelle vos dernières vacances si réussies en famille, vous souriez et vous sentez le bonheur vous envahir.

Arrivée au bureau, votre collègue vous presse en vous annonçant que la réunion a commencé sans vous. L'anxiété vous gagne. Mais, en rentrant dans la salle de réunion, votre responsable vous accueille d'un grand sourire en vous félicitant pour vos résultats du mois, les meilleurs du secteur. La fierté vous envahit.

Ce matin est un matin comme les autres… plein d'émotions, plein de vie !

TOUTE UNE PALETTE D'ÉMOTIONS

Il existe un nombre important d'émotions, certaines que l'on nomme « fondamentales » ou « innées » : la peur, la colère, la tristesse, la joie… Elles ont chacune une fonction vitale.

La **peur** nous signale les dangers. La **colère** favorise une action vigoureuse en vue de changements salutaires. La **tristesse** permet de se replier sur soi pour faire un travail de deuil nécessaire après une séparation. La joie célèbre un événement heureux.

D'autres émotions dites « secondaires » sont des combinaisons de ces émotions de base : par exemple, la **jalousie** combine la colère, la tristesse et la peur ; la **honte** est un mélange de peur et de colère que l'on retourne contre soi.

Notre esprit est un peintre qui va composer un tableau de la vie émotionnelle en utilisant toutes les couleurs de la palette, depuis les primaires jusqu'à leurs mélanges.

À savoir

Quelques adjectifs pour qualifier des émotions négatives :

- **La peur :** apeuré, craintif, nerveux, secoué, paniqué, inquiet, anxieux, angoissé, méfiant…
- **La colère :** énervé, bougon, agacé, exaspéré, outragé, irrité, furieux, frustré, révulsé, rageur…
- **La tristesse :** chagriné, découragé, malheureux, déprimé, accablé, désespéré, mélancolique…

Attention, le stress n'a rien à voir avec l'émotion

Nous avons tendance à faire l'amalgame entre le stress et les émotions, et nous manquons de discernement. En confondant les deux, nous nous déconnectons de ce qui se passe en nous, de nos réactions émotionnelles face aux événements.

Le stress n'est pas une émotion. Il est la conséquence d'un trop-plein d'émotions. Lorsque nous nous sentons stressés, nous devons prendre le temps de respirer et clarifier les émotions négatives que nous ressentons. Si je suis stressé par un rendez-vous important, c'est parce que je ressens de l'inquiétude quant à son issue. C'est en comprenant et en analysant cette inquiétude et ses raisons que je vais pouvoir agir. La conscience de notre ressenti émotionnel nous permettra d'agir sur notre stress.

Prenons le temps, lorsque nous sommes stressés, de réfléchir aux émotions que nous ressentons : peur, inquiétude, anxiété, colère, mécontentement, frustration. Nous augmenterons alors notre conscience et notre intelligence émotionnelle.

LE POIDS DES PENSÉES, LE CHOC DES ÉMOTIONS

L'émotion est déclenchée par un événement, qu'il soit réellement vécu, remémoré ou même imaginé. Dans bien des cas, la pensée précède l'émotion sans que nous en ayons conscience.

VÉCU

Ce dimanche, en fin de journée, j'ai ressenti un malaise assez diffus. Ce n'était pas un sentiment précis et je ne savais pas pourquoi des émotions

désagréables s'immisçaient en moi. J'avais passé une journée très joyeuse avec mes enfants qui étaient venus déjeuner à la maison. J'attendais une amie pour aller voir un film au cinéma et je ne comprenais pas ce moment de blues.
En y réfléchissant un peu, j'ai noté que cela avait commencé après le café. Nous avions en effet sorti l'album de famille et, en regardant les photos, nous passions du rire à l'attendrissement.
Ce fut un moment doux de partage, mais je me suis rendu compte que cela m'avait rendu nostalgique.
Le souvenir de cette partie de ma vie si joyeuse mais révolue m'avait rendu triste. Et même si ces pensées m'ont quitté après avoir fermé l'album pour parler des prochaines vacances, j'ai pris conscience que la tristesse ne m'avait pas quitté.

Philippe, 54 ans

Nos pensées affectent nos émotions

Lorsque nous évoquons un souvenir, notre esprit fait émerger une émotion liée au contexte affectif de cette époque. Cette émotion peut être plus ou moins agréable, plus ou moins douloureuse. Évidemment, il ne s'agit pas de ne plus penser au passé, mais de prendre conscience de l'émotion générée, de se mettre à son écoute, de la ressentir, voire d'en parler. Si elle est persistante et inconfortable, peut-être faut-il parfois ne plus y penser.

« Les souvenirs du bonheur passé sont les rides de l'âme. »

Xavier de Maistre, *Voyage autour de ma chambre*

EXERCICE

Comment la pensée influence le corps ?

- Asseyez-vous confortablement, au calme.
- Pensez à quelque chose de joyeux (une situation drôle, un dîner entre amis, un fou rire...).
- Comment vous sentez-vous ?
- Pensez à quelque chose de préoccupant ou de stressant.
- Observez vos sensations et émotions changer.
- Que ressentez-vous ?
- Puis rappelez-vous un événement très heureux de votre vie (un succès, une naissance, votre premier amour...).
- Ressentez l'évolution de vos sensations lors de cette évocation.
- Laissez-vous imprégner par les sensations positives.
- Quittez ces souvenirs et prenez conscience de l'évolution de vos ressentis et de vos émotions en fonction des pensées évoquées.

Si vous pensez à une personne avec laquelle vous êtes en conflit, votre corps va physiologiquement réagir. Le rythme respiratoire va se modifier, les battements cardiaques s'accélérer et vous allez être submergé par les émotions. Vous pourrez ressentir de la colère, de la frustration, de la peur ou encore de la tristesse. Toutes ces modifications sont en lien avec vos pensées.

« Toute réflexion interne sur un problème personnel génère une certaine inquiétude. Et plus vous allez y penser, plus le mal-être augmentera ; c'est le mécanisme des "pensées ruminantes". »

Je ressasse, tu ressasses, il ressasse

Notre esprit est très actif. Nos pensées ne cessent de nous solliciter sans que nous en ayons conscience. Nous avons en moyenne 60 000 pensées par jour : 95 % de celles-ci sont identiques à celles de la veille et, pour compléter le tableau, 80 % d'entre elles sont négatives. De quoi être déprimé si nous n'y prenons pas garde.

En fait, nous ressassons fréquemment le passé. Nous rejouons dans notre tête les scènes stressantes, en pensant : « J'aurais dû dire ou faire ça », ou nous décortiquons chaque parole échangée pour comprendre pourquoi la personne a dit cela ou agi ainsi.

Lorsque vous sentez ce processus en vous et que grandit un sentiment de frustration, de colère ou de culpabilité, dites : « stop ». Il sera beaucoup plus efficace de parler avec la personne concernée pour évoquer le problème, plutôt que d'y penser de manière obsessionnelle.

Car, s'il est bon de réfléchir à sa situation et de faire le point, faisons-le d'une manière équilibrée et intelligente. Nous verrons plus loin comment nous pouvons calmer les pensées anxiogènes grâce à la méditation.

EXERCICE

Zappez les ruminations

Observez vos pensées au cours de la journée.

- Repérez une pensée ruminante : « Je ne vais jamais arriver à boucler ce dossier à temps », « Mon fils a du mal à l'école, mon collègue m'énerve vraiment »...
- Repérez l'émotion : anxiété, angoisse, tristesse, colère...
- Zappez et pensez à autre chose, forcez-vous !
- Laissez le calme revenir dans votre esprit.
- Lorsque la pensée revient et que l'intensité émotionnelle est moins forte, prenez le temps

de réfléchir ou d'échanger avec un proche.
- Quelles sont les actions que vous pouvez mener pour régler le problème ?
- Que puis-je faire maintenant ?

Et si vous ne pouvez régler le problème, pensez à la phrase du dalaï-lama : « Face à un problème, si je peux faire quelque chose, il est inutile de m'inquiéter ; si je ne peux rien faire, il n'est pas utile de m'inquiéter. »
Souvenez-vous également que la solution au problème vient souvent lorsqu'on arrête de la chercher.

À QUOI SERVENT LES ÉMOTIONS ?

On l'a vu, les émotions nous habitent en permanence. Elles nous indiquent que nous sommes concernés par les événements. Elles sont plus ou moins intenses, plus ou moins agréables, parfois même violentes. C'est l'intensité de l'émotion qui va nous révéler combien nous sommes touchés.

Les émotions nous parlent de nous

Un mot, un geste, une situation va déclencher une émotion qui peut parfois presque passer inaperçue ou nous déstabiliser.

Les émotions sont le reflet de notre vie intérieure. Elles sont le principal et indispensable système d'information de notre état intérieur.

Si, en écoutant une personne me parler, je me sens mal à l'aise, c'est que le message reçu a déclenché en moi des émotions désagréables qu'il me faut prendre en compte pour mieux comprendre ce qui se passe en moi.

Ce que j'entends me rend triste, anxieux ou me met en colère. Parler de mes émotions avec mon collègue permettra d'éviter que nos relations se détériorent. En ce sens, ces émotions ne sont pas négatives, car elles nous parlent de nous, elles nous envoient un message.

« Même si elles sont parfois difficiles à vivre, il n'existe pas d'émotions bonnes ou mauvaises. Elles ont toutes une raison d'être et le plus important est de les accueillir. »

VÉCU

Je discutais l'autre jour avec un collègue qui m'expliquait que le nouveau responsable lui avait parlé de moi, mais qu'il préférait ne rien me dire, car je devais rencontrer celui-ci rapidement afin qu'il m'informe de la nouvelle organisation. Depuis, je me sens mal à l'aise et inquiète, car je me demande ce qu'il a bien pu dire à mon collègue...
Mais, en y repensant hier soir, je me suis dit que ce qui me faisait encore plus mal, c'est que mon collègue m'a dit les choses à moitié, en laissant planer l'incertitude et le doute. Je me sens à présent en colère et j'ai bien l'intention de lui parler et de lui dire ce que ses propos ont déclenché en moi.

Françoise, 38 ans

Durant notre enfance, nous avons souvent pensé ou appris qu'il était préférable de ne pas exprimer nos émotions pour ne pas gêner nos parents et nous assurer leur amour. Lorsque l'enfant se rend compte qu'en exprimant sa peur ou sa tristesse, sa mère va être fortement perturbée, il préférera ne pas le faire.

À l'âge adulte, nous continuons à ne pas écouter nos émotions. De peur qu'elles nous submergent ou nous anéantissent, nous prenons bien soin de les refouler et de nous réfugier dans le non-dit.

Il est important de comprendre qu'il ne s'agit pas de refréner nos émotions, mais plutôt de contrôler les comportements négatifs qui peuvent en découler.

Ainsi, j'ai le droit de ressentir de la colère, mais je ne dois pas pour autant agresser l'autre. Une émotion peut entraîner une réaction, et c'est cette dernière qu'il convient d'adapter afin qu'elle soit acceptable, efficace et qu'elle s'inscrive dans les règles de la vie en société.

À savoir

Données scientifiques

Les émotions sont inscrites dans notre système neuronal et sont là pour nous aider à nous adapter à chaque situation de la vie. Elles nous permettent d'en tirer le maximum de satisfaction et d'éviter les obstacles et les dangers qui se trouvent sur notre chemin.

Ainsi, la peur déclenche en nous des réactions physiques qui nous aident à faire face au danger plus efficacement. Notre cerveau envoie un signal à notre corps qui sécrète de l'adrénaline, nous donnant suffisamment d'énergie pour agir. Tout notre corps et notre esprit se mobilisent pour faire face.

C'est cette montée d'énergie qui va permettre à certaines personnes d'accomplir des actes dont elles seraient normalement incapables.

Ainsi, la prise de parole en public représente un enjeu qui engendre le trac. Il s'agit de convaincre, de s'exprimer clairement et de séduire son auditoire. Le trac, bien négocié, est une source d'énergie qui permettra de relever le défi.

EXERCICE

Quelle est ma réaction face aux événements ?

Pensez à des situations vécues dernièrement, puis repérez les émotions ressenties et les comportements associés.

Situations	Émotions	Comportements
J'ai écouté longuement ma sœur déprimée au téléphone.	Anxiété, tristesse	J'ai mangé une crêpe au chocolat juste après avoir raccroché. Je me suis senti fatigué toute la journée.

Les émotions nous rendent intelligents

Ce conte japonais va nous faire comprendre ce qu'est l'intelligence émotionnelle.

Un conte japonais

Un samouraï se présente devant le maître zen Hakuin et lui demande :
« Y a-t-il réellement un paradis et un enfer ?
– Qui es-tu ? lui demande le maître.
– Je suis le samouraï…

– Toi, un guerrier ! s'exclame Hakuin. Mais regarde-toi. Quel seigneur voudrait t'avoir à son service ? Tu as l'air d'un mendiant.
La colère s'empare du samouraï. Il saisit son sabre et le dégaine.
Hakuin poursuit :
– Ah bon, tu as même un sabre ! Mais tu es sûrement trop maladroit pour me couper la tête.
Hors de lui, le samouraï lève son sabre, prêt à frapper le maître. À ce moment, celui-ci lui dit :
– Ici s'ouvrent les portes de l'enfer.
Surpris par la tranquille assurance du moine, le samouraï rengaine son sabre et s'incline.
– Ici s'ouvrent les portes du paradis », lui dit alors le maître.

Ce conte montre combien il peut être difficile de ne pas se laisser emporter par ses émotions et combien il est essentiel d'être conscient de leur présence au moment où elles apparaissent. Être attentif à son état intérieur est donc la condition indispensable pour apprivoiser les émotions négatives.

D'après Peter Salovey et John Meyer, l'intelligence émotionnelle désigne « l'habileté à percevoir et à exprimer les émotions, à les intégrer pour faciliter la pensée, à comprendre et à raisonner avec les émotions, ainsi qu'à réguler les émotions chez soi et chez les autres ».

L'intelligence émotionnelle est la conscience de ce qui se passe en nous. C'est aussi la capacité à développer les émotions qui vont nous permettre un meilleur relationnel. Il s'agit donc d'utiliser ses émotions dans un but constructif et positif, afin d'interagir de manière harmonieuse avec son entourage. L'intelligence émotionnelle peut se mesurer par le quotient émotionnel (QE).

On a longtemps considéré que le QI (quotient intellectuel) était le meilleur garant de la réussite professionnelle. Une bonne capacité de raisonnement logique semblait, à elle seule, prédisposer à la réussite. Or les recherches sur l'intelligence émotionnelle laissent penser que c'est grâce à cette dernière que l'individu trouverait les conditions de son épanouissement.

L'intelligence théorique ne prépare pas l'individu à affronter les épreuves de l'existence, à s'adapter, à agir en accord avec ses désirs, à construire et à entretenir des relations positives.

Nos institutions scolaires dressent l'étendard d'un QI élevé ; il ne peut cependant pas à lui seul garantir la réussite professionnelle, et encore moins le bonheur d'une vie. Nous gagnerions tant à développer l'intelligence émotionnelle sur les bancs de l'école.

Le quotient émotionnel

L'intelligence émotionnelle se mesure par le quotient émotionnel et peut se définir par :

- la capacité à se connecter à ses émotions ;
- la gestion de ses émotions et de ses impulsions ;
- la capacité à se connecter aux émotions d'autrui et la façon d'y réagir ;
- la capacité à gérer les relations humaines ;
- le développement des émotions et la gestion des conflits.

« L'intelligence émotionnelle n'est pas un talent inné, mais plutôt une capacité apprise que nous pouvons développer et perfectionner. »

Les émotions nous rendent proches des autres

Lorsque nous retenons nos émotions, nous ne sommes pas connectés à ce qui vit en nous et nous portons un masque qui nous empêche d'être nous-mêmes. Nous ne donnons pas la bonne information à notre entourage, car nous avons peur de montrer notre vulnérabilité aux autres ; nous ne voulons pas nous dévoiler.

Notre croyance cachée est : « Si je dis mes émotions, l'autre peut penser que je suis faible » ou « En me dévoilant, il va prendre le pouvoir sur moi ». La réalité est bien différente, car en exprimant vos émotions, vous allez créer une connexion avec l'autre qui va le toucher.

Notre plus grande force est d'accepter nos vulnérabilités et d'oser les exprimer. C'est en le faisant que je vais autoriser l'autre à le faire également.

L'origine des émotions

Ce sont les émotions qui ont permis à nos ancêtres de survivre dans un monde hostile pendant la préhistoire. L'homme de Cro-Magnon n'avait que quelques secondes pour réagir à une situation dangereuse. Il n'avait pas le temps de réfléchir. Sa survie était en jeu et le moindre bruissement de branches pouvait être synonyme de danger. C'est la peur qui lui a permis de survivre en envoyant un signal au cerveau pour déclencher la sécrétion d'adrénaline. Les réflexes de l'homme préhistorique devenaient plus vifs, ses muscles se tendaient et il était moins sensible à la douleur. Il était alors en mesure de mieux réagir face au danger.

Si le danger était loin, nos ancêtres préféraient la fuite. S'il surgissait à l'improviste, mieux valait alors ne pas bouger pour ne pas attirer l'attention. S'il arrivait de manière frontale, ils passaient à l'attaque.

La peur a permis à l'être humain de survivre et c'est grâce à elle que nous sommes tous là. Les émotions sont inscrites dans notre système nerveux : elles nous ont aidés à survivre. Elles répondent au but principal de l'évolution : transmettre à nos descendants des prédispositions utiles à la survie.

De nos jours, certes, nous ne sommes plus dans la savane et notre cerveau a évolué. Cependant, nous avons conservé ces trois attitudes réflexes lorsque nous nous sentons agressés. Lors d'une altercation, l'homme de Cro-Magnon qui est en nous est parfois tenté de se jeter sur l'autre afin de lui assener un coup de massue sur la tête… Mais nous savons bien que les convenances sociales nous l'interdisent. Il est préférable d'exprimer notre ressenti et nos émotions de manière acceptable pour tous.

À savoir

Petit cours de neurologie

« L'amygdale, qui se trouve dans le cerveau, est un petit amas de structures interconnectées. Elle commande toutes les émotions. L'amygdale agit comme une sirène d'alarme. Elle alerte le corps et le cerveau afin qu'ils réagissent instantanément. L'amygdale est d'une efficacité redoutable face à une situation dangereuse. Avant même que le cerveau pensant ait eu le temps d'analyser et de déployer un plan d'action plus élaboré, elle va provoquer la sécrétion d'adrénaline et de cortisol, hormones qui vont permettre la production d'énergie pour agir. De par l'aspect réactionnel primitif, les émotions passent au-delà de la raison. »

Joseph LeDoux, neurologue

Certaines de nos réactions sont donc instinctives et nous pouvons manquer de jugement lorsque nous sommes en proie à des émotions. Il s'agit de tous nos mouvements intempestifs que nous regrettons dès que nous nous sommes calmés.

Empathie et survie

Il est très probable que nos ancêtres aient également développé des émotions, telles que l'empathie (faculté de se mettre à la place d'autrui, de percevoir ce qu'il ressent) et la compassion, qui leur auraient permis d'être solidaires et de survivre. Les chercheurs ont pu démontrer la prévalence d'une attention portée aux malades, d'une attitude particulière face à la mort d'un congénère et de manifestations d'empathie. Ce sentiment de compassion finira par s'étendre aux étrangers et même aux animaux. Plus nous sommes connectés à nos propres émotions, plus nous serons en mesure de nous connecter à celles des autres et de leur porter assistance.

L'étude d'un gisement fossile dans les grottes d'Atapuerca, au nord de l'Espagne, a livré une preuve de cette « paléo-compassion ». L'examen du bassin et de la colonne vertébrale d'un *Homo heidelbergensis*, daté de 500 000 ans, montre que l'individu, bossu, souffrait d'une excroissance osseuse vertébrale et d'un glissement de vertèbre douloureux, s'aidant peut-être d'une « canne » pour se déplacer.

Ayant atteint l'âge avancé de 45 ans environ, Elvis, comme l'ont surnommé les chercheurs, ne pouvait qu'avoir été longuement assisté et nourri par ses proches. « Sa survie pendant une période aussi longue, avec un tel handicap, laisse supposer que le groupe nomade dont il faisait partie prenait particulièrement soin de ses anciens », conclut Alejandro Bonmatí, directeur de cette étude, qui imagine que la précieuse expérience du vieillard lui valait le respect de tout le groupe.

VÉCU

Lorsque mon compagnon a eu des problèmes de travail et qu'il me confiait son inquiétude pour son avenir, j'ai pu comprendre ce qu'il ressentait, car j'ai connu les mêmes angoisses suite à un licenciement il y a deux ans. Je me mettais à sa place et je savais combien cette situation d'incertitude est anxiogène et que l'écoute bienveillante est d'un grand soutien.

Michèle, 41 ans

Développez votre empathie

Mettez-vous en position d'observation d'une personne qui vit une situation difficile dans votre entourage. Par exemple, un ami qui a un appel téléphonique un peu tendu, un client énervé devant vous, un usager au guichet d'une administration…

- Essayez de vous mettre à la place de la personne et de saisir ce qu'elle peut ressentir ; observez ses mimiques, son humeur, ses émotions…
- Mettez des mots sur les émotions de la personne : « Il est énervé, ses bras s'agitent, il a un ton agacé, ses sourcils se froncent. »
- Entraînez-vous à vous mettre à la place des gens qui vous entourent en captant leurs émotions ; ne serait-ce que quelques secondes, le temps d'une phrase.

Entraînez-vous à l'écoute empathique

Choisissez de faire cet exercice lors d'une prochaine conversation avec un interlocuteur.

- Engagez la conversation sur un sujet qui lui tient à cœur (enfants, passion, travail, vacances…).
- Décidez de vous mettre à son écoute au moins pendant 15 minutes.
- Respirez calmement.
- Concentrez-vous sur ce que vous dit la personne.

- Cherchez à comprendre le plus possible ses propos.
- Retenez-vous de parler ou de donner votre avis.
- Posez des questions.
- Ne parlez de vous que si votre interlocuteur vous pose une question.

Combien de temps avez-vous réussi à écouter vraiment votre interlocuteur ?
L'avez-vous laissé parler ?

- Qu'est-ce qui a été le plus facile ?
- Qu'est-ce qui a été le plus difficile ?

Il n'est pas facile de se mettre à l'écoute et de pratiquer l'empathie ; c'est pourtant le seul moyen de créer une relation authentique. En essayant de comprendre ce que ressent mon interlocuteur, j'affine ma perception des émotions.

Les émotions négatives révèlent un besoin non satisfait

VÉCU

Depuis 1 an, il ne m'arrive que des problèmes : ma mère est tombée malade et je m'occupe beaucoup d'elle, j'ai changé de responsable hiérarchique dans mon travail et il est sans cesse sur mon dos, mon divorce n'en finit pas, mon fils aîné rentre dans une crise d'adolescence... J'étais anxieuse, mais je suis assez forte de tempérament alors j'ai pris sur moi, car je n'avais pas le choix. Il fallait tenir... Jusqu'à ce matin, il y a un mois, où je me suis mise à trembler et à pleurer dans ma salle de bains. Je n'ai pas pu sortir de chez moi tellement je me sentais mal. Le médecin a diagnostiqué un burn out et m'a dit que j'avais besoin de me reposer et de me faire aider.

Catherine, 45 ans

Lorsqu'une émotion négative apparaît, il faut savoir qu'elle cache un besoin non satisfait.

Cependant, nous ne recevons aucune éducation en la matière. Nous serions même plutôt éduqués à ignorer nos besoins. On nous parle des besoins physiques, tels que la faim et la soif, et notamment de l'importance d'avoir une alimentation saine et équilibrée. Mais on ne nous parle que rarement des besoins nécessaires à notre équilibre psychique.

Le contexte judéo-chrétien et cartésien dans lequel nous évoluons joue une part non négligeable dans ce mépris de nos besoins et de leurs messagers, les émotions. Ne pas s'écouter et avancer ! Voilà la règle que l'on nous force à suivre. Nos besoins sont des énergies au service de la vie. Ils sont le cœur de ce qui nous anime. Mais pour exprimer ses émotions, il faut d'abord les reconnaître, ce qui nécessite un minimum d'estime de soi afin de considérer que ce que l'on ressent est légitime.

EXERCICE

Vos besoins sont-ils satisfaits ?

Passez en revue la liste des besoins ci-dessous et réfléchissez à votre vie. Mettez un signe plus (+) à côté des besoins qui, selon vous, sont satisfaits actuellement, et un signe moins (–) à côté de ceux qui ne le sont pas.

	Besoins dans la famille
	Besoin d'être aimé(e)
	Besoin d'être entendu(e)
	Besoin de communiquer
	Besoin de soutien

	Besoins dans la famille
	Besoin de respect
	Besoin de confiance
	Besoin de compréhension
	Besoin de sécurité émotionnelle
	Besoin de repos
	Besoin de rire
	Besoin de sécurité
	Besoins au travail
	Besoin de reconnaissance
	Besoin d'écoute
	Besoin de communiquer
	Besoin de respect
	Besoin de confiance
	Besoin de compréhension
	Besoin de sécurité de mon poste
	Besoin de clarté dans l'organisation
	Besoin d'autonomie
	Besoin d'équité

Se connecter à ses besoins permet d'être en accord avec soi-même, car ce sont les besoins qui nous relient à ce qui est essentiel pour notre équilibre psychique. En respectant mes besoins, je respecte la vie qui s'exprime en moi.

2. COMMENT FONCTIONNENT LES ÉMOTIONS ?

Comment peut-on définir une émotion, et de quelle manière se manifeste-t-elle ? Il est important de bien comprendre son fonctionnement et son cycle d'évolution afin de mieux l'identifier, puis la libérer.

Si nous pouvons repérer assez facilement les émotions sur les expressions du visage, il est beaucoup moins aisé de comprendre les manifestations corporelles de nos émotions négatives. Pourtant, corps et émotions sont étroitement connectés.

Alors mettons-nous à l'écoute des maux de notre corps. Ils sont souvent l'expression de mots que nous ne voulons ou ne pouvons dire.

Les émotions négatives sont un formidable outil de connaissance de soi et de développement personnel.

COMMENT DÉFINIR UNE ÉMOTION ?

L'« émotion » (du latin *motio*, « action de mouvoir ») est une expérience psychophysiologique complexe de l'état d'esprit d'un individu lorsqu'il réagit aux influences biochimiques (internes) et environnementales (externes).
Chez les humains, l'émotion inclut fondamentalement « un comportement physiologique, des comportements expressifs et une conscience ». Une émotion est un mouvement énergétique interne, un changement par rapport à un état immobile initial.

- L'émotion a des manifestations corporelles : le cœur s'accélère, les jambes tremblent, les joues rougissent. C'est la **« composante physique »**.
- L'émotion trouble aussi l'esprit, elle nous fait penser de manière différente. C'est la **« composante cognitive »**. Le terme « cognitif » renvoie à l'ensemble des processus psychiques liés à l'esprit.
- Enfin, l'émotion nous prépare et souvent nous pousse à l'action. C'est la **« composante comportementale »**.

L'émotion est donc une réaction de tout notre organisme qui se joue sur ces trois composantes.

Pour plus de facilité, nous utiliserons dans ce livre les termes « émotion », « sentiment » et « sensation » de manière équivalente.

LE CYCLE ÉMOTIONNEL

L'émotion se manifeste en quatre étapes : charge, tension, décharge et récupération.

1. Dans le mouvement de charge, le corps est entièrement mobilisé pour réagir, la respiration s'accélère, les muscles se tendent, le système nerveux s'emballe.
2. La phase de tension peut durer plus ou moins longtemps.
3. La phase de décharge libère ensuite l'énergie de l'émotion par une action : pleurer, crier, parler…
4. En phase de récupération, la respiration se ralentit, le tonus diminue, les muscles se relâchent. Le corps retrouve son équilibre initial.

Si la tension n'est pas libérée, elle est susceptible de bloquer tout notre système émotionnel. Ainsi, une tristesse retenue pendant des années peut, un jour, ressortir amplifiée suite à un événement, et parfois même mener à une dépression.

VÉCU

Hier soir, je suis rentrée fatiguée et stressée après une journée de travail qui s'est mal passée. Mes enfants étaient particulièrement agités. J'ai bien essayé de prendre sur moi pour ne pas m'énerver, mais ils ne se calmaient pas et ils devenaient de plus en plus bruyants. Je n'en pouvais plus... Ils faisaient exprès ou quoi ! Bon, j'ai vraiment essayé de garder mon calme ; ce sont des enfants après tout et ils ont besoin de se défouler...
Noooooon, j'ai fini par exploser et leur hurler dessus ! Puis, lorsque je les ai envoyés dans leur chambre, le calme est revenu, et je me suis affalée sur le fauteuil, épuisée !

Daba, 35 ans

LE LANGAGE CORPOREL DES ÉMOTIONS

Savez-vous que 70 % de notre communication passe par le langage corporel, aussi appelé « langage non verbal » ? La moindre moue sur le visage d'un interlocuteur va nous donner, de manière inconsciente, des informations sur son état émotionnel. Nos gestes et notre posture corporelle expriment en effet nos émotions de manière inconsciente. Le corps est informé avant la raison de ce qui va se passer par les émotions. Nous avons vu qu'en cas de danger, notre corps est alerté avant même que notre esprit ne se rende compte de l'existence d'une menace. Le corps est ainsi la partie visible de l'intelligence émotionnelle.

C'est grâce à ce langage corporel que nous communiquons depuis la nuit des temps, et ce, bien avant l'apparition de la parole.

« Le langage du corps est une faculté innée qui permet l'expression des émotions. »

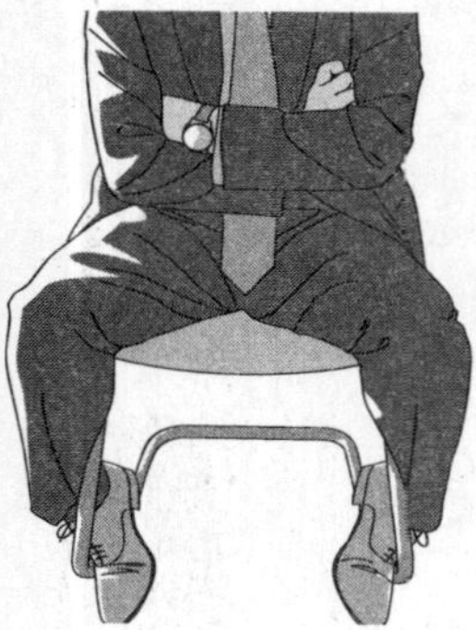

Nous nous comprenons ainsi grâce à un langage commun et universel. Nos gestes trahissent nos émotions, surtout lorsque nous aimerions les cacher. Le corps ne ment pas, et une observation attentive des gestes d'un interlocuteur nous donne un nombre important d'informations sur son état émotionnel.

VÉCU

Hier, je discutais avec une amie à qui je demandais si elle allait bien. Elle m'a répondu : « Oui, oui, tout est OK ! » Mais je la regardais et je me disais qu'elle ne me donnait pas cette impression. Je ne savais pas comment me l'expliquer exactement, peut-être un fond de tristesse derrière le visage souriant qu'elle me présentait. Je lui ai dit alors : « Je ne sais pas pourquoi, mais j'ai l'impression que quelque chose ne va pas... » Ces mots déclenchèrent en elle un déferlement de larmes qu'elle ne put retenir. « En fait non, ça ne va pas du tout... Michel veut me quitter ! » Et elle me parla de la tristesse et du désarroi dans lesquels elle se trouvait.

Muriel, 51 ans

Les six émotions de base

Nos expressions traduisent nos émotions. Classiquement, on identifie six émotions de base : la joie, la tristesse, le dégoût, la peur, la colère et la surprise, qui déclenchent des mouvements du visage facilement reconnaissables.

- **Dans la joie,** le sourire illumine le visage, les yeux brillent, le corps se redresse, les gestes sont ouverts.

- **Dans la tristesse,** le corps est pesant, le dos voûté, les épaules relâchées. Les yeux sont vides et les coins de la bouche sont tombants.

- **Dans le dégoût,** un coin de la lèvre supérieure se lève et la racine du nez correspondant se soulève.

- **Dans la peur,** la bouche peut s'ouvrir, les lèvres se crispent. Le visage pâlit, les sourcils sont levés et le regard tendu.

- **Dans la colère,** la bouche est serrée et crispée, le regard est dur, les sourcils froncés, les narines frémissent, le buste est tendu en avant.
- **Dans la surprise,** la bouche et les yeux s'ouvrent grand comme pour mieux voir. La main peut se porter à la bouche pour se retenir de crier.

Il existe de nombreuses combinaisons entre ces émotions basiques. Nous sommes naturellement familiarisés avec certaines d'entre elles, sans forcément en prendre conscience, comme la tristesse et la colère en même temps.

On peut ainsi dénombrer vingt et une expressions faciales exprimant des états émotionnels qui sont presque les mêmes pour tout le monde, du moins dans notre culture occidentale : dégoûté ; dégoûté avec colère ; dégoûté et surpris ; en colère et surpris ; abasourdi ; en colère ; inquiet ; épouvantablement en colère ; épouvantablement dégoûté ; épouvantablement surpris ; heureusement dégoûté ; heureusement surpris ; heureux ; haineux, triste ; tristement en colère ; tristement dégoûté ; tristement inquiet ; tristement surpris ; surpris ; choqué.

EXERCICE

Mime en famille

Profitez d'un moment où toute la famille est rassemblée, avant un repas par exemple.
À tour de rôle, chacun se met debout et mime une expression. Les autres doivent deviner l'émotion.
La personne qui mime doit rester silencieuse.
Ce petit jeu très amusant vous permettra de passer un bon moment en famille et, qui plus est, vous entraînera à la lecture corporelle des émotions.

La carte corporelle des émotions

« La peur au ventre », « j'ai le cœur serré », « je tremble de colère », « il rayonne de bonheur » : ces expressions ont enfin des raisons scientifiques d'exister, d'après les travaux du Dr Lauri Nummenmaa, de la faculté des sciences d'Aalto, en Finlande.

« Des chercheurs finlandais ont établi la "carte corporelle des émotions" et confirment que les principales émotions humaines que sont la peur, la tristesse ou le bonheur sont ressenties physiquement de la même façon par tous, quelle que soit la culture d'origine de l'individu. »

À chaque émotion correspond une combinaison précise de sensations physiques et celles-ci sont ressenties spontanément par la majorité des participants à l'étude finlandaise. À la plupart des émotions dites « primaires », comme la colère, la peur ou la surprise, est ainsi associée une augmentation de l'activité au niveau de la poitrine, ce qui correspond probablement à une accélération des rythmes respiratoires ou cardiaques.

À l'inverse, la tristesse se distingue par un affaiblissement de l'activité des membres supérieurs.

Les sensations gastro-intestinales et de la gorge sont propres au dégoût.

Le bonheur est la seule émotion à se traduire par une élévation de l'activité de l'ensemble du corps.

EXERCICE

Repérez les sensations physiques

Durant les jours qui suivent, repérez vos sensations corporelles, puis vos émotions.

Situations	**Sensations corporelles**	**Émotions**
L'école de mon fils me téléphone pour me dire qu'il est tombé dans l'escalier.	Douleur dans la poitrine, souffle coupé	Peur, inquiétude

Être attentif à ses sensations corporelles nous rend plus conscients de nos émotions et nous permet de mieux nous connaître. C'est en repérant l'expression corporelle de nos émotions que nous pourrons mieux les réguler.

QUAND LES ÉMOTIONS GÂCHENT LE QUOTIDIEN

VÉCU

Il y a un mois, ma direction m'a fait évoluer et m'a confié un projet stratégique pour l'avenir de la société. Je suis heureux de cette confiance et de cette reconnaissance. Je me suis mis au travail sans compter mon temps et je me suis investi, porté par cet enjeu. Seulement voilà, depuis un mois, je ne ferme plus l'œil de la nuit et je sens comme une oppression dans ma poitrine et une pointe qui appuie bien au milieu. Je dois me l'avouer, cette promotion et ce projet réveillent en moi des angoisses incontrôlables. Vais-je être à la hauteur, vais-je y arriver, vais-je faire les bons choix ? Toutes ces questions que je ne me pose pas tout le temps sont pourtant bien là et expriment l'angoisse que je ressens, en particulier la nuit. Je dirais même que ces angoisses en viennent à me gâcher le plaisir que j'ai dans mon nouveau challenge.

Pierre, 42 ans

Des émotions contraires peuvent coexister, mais il est évident que ce sont les émotions négatives qui vont empêcher les émotions positives de s'exprimer pleinement. Il convient cependant d'écouter les émotions négatives, comme on l'a vu dans le chapitre 1, car elles nous renseignent sur les enjeux de la situation et ce qu'elles réveillent en nous. La peur de ne pas y arriver ou la peur de réussir ? Le besoin d'être rassuré sur ses compétences ? Le besoin d'être soutenu ?

Lorsque vous comprenez ce qui se cache derrière une émotion négative, vous pouvez obtenir un résultat positif.

Rappelons que l'émotion négative est toujours l'expression d'un besoin non satisfait. Vous pouvez alors œuvrer pour combler ce besoin ou tout au moins le clarifier.

Émotifs anonymes

VÉCU

Depuis quelque temps, je n'arrête pas de rougir pour un rien. Il suffit que l'attention se porte un peu trop sur moi et qu'il fasse un peu trop chaud, et je rougis ; et plus je rougis, plus j'y pense ; et plus j'y pense, plus je rougis. Ça devient vraiment très embarrassant ; j'en viens à ne plus oser prendre la parole. Je suis des études de droit à la faculté, et pas plus tard que lundi, on m'a encore dit, alors que je parlais : « Arrête de rougir. » C'est vraiment énervant, car cela me met encore plus mal à l'aise et je rougis encore plus. Je ne sais plus comment faire...

Raphaël, 23 ans

Rougir à la moindre occasion, pleurer pour un rien, piquer des crises de colère, bafouiller... L'hyperémotivité est une forme de sensibilité accrue aux émotions et à la façon de les gérer, ce qui amène généralement les personnes à avoir des réactions disproportionnées. Entre 15 et 20 % de la population y serait sujet.

La personne hyperémotive laisse le processus émotionnel s'emballer, ce qui la conduit souvent à une contre-performance et vient renforcer sa croyance de ne pas être à la hauteur. Elle ressent avec beaucoup d'intensité chaque émotion, ce qui va déclencher en elle des réactions corporelles excessives (rougeur, transpiration, colique...).

L'hyperémotivité peut avoir une origine génétique, mais elle peut apparaître suite au refoulement d'émotions plus anciennes, voire après un choc affectif.

Il existe deux types d'hyperémotifs :

- **Les émotifs intériorisés :** ils n'expriment jamais leurs émotions et semblent fragiles ou très durs de par leur silence émotionnel. Les émotions vont parfois se manifester par des somatisations (mal de tête, mal au ventre, malaise vagal...).
- **Les émotifs extériorisés :** ils sont sujets à des crises de colère ou d'impulsivité échappant à tout contrôle.

Il se peut également qu'une personne passe, sans le vouloir et de façon déconcertante, d'un trop-plein d'intériorisation à une extériorisation des émotions.

EXERCICE

Tous hyperémotifs ?
Estimez votre émotivité en vous posant les questions suivantes :

- Ai-je tendance à baisser les yeux face à des regards insistants ?
- Ai-je le cœur qui bat avant de prendre la parole en réunion ?
- Ai-je souffert d'humiliations à l'école ?
- Ai-je souffert ou est-ce que je souffre toujours d'un complexe ?
- Suis-je vite déstabilisé(e) ?
- Suis-je facilement anxieux(se) ?
- Ai-je facilement la respiration bloquée ?
- Ai-je peur des autres lorsque je ne les connais pas ?
- Ai-je du mal à exprimer la colère ?
- Ai-je du mal à demander un renseignement à un passant ?
- Ai-je les larmes qui me viennent facilement aux yeux ?
- Est-ce que je ne me sens en sécurité que chez moi ?

Vous avez sûrement connu, à certaines occasions, de telles situations. Alors, sommes-nous tous des hyperémotifs ? Non, nous sommes tout simplement des êtres humains qui réagissent, dans certaines situations et à certains moments de la vie, de manière excessive.

Qui n'a jamais eu le cœur qui s'emballe lors d'un premier rendez-vous amoureux ou n'a pas bafouillé lors d'une prise de parole en public ?

Cependant, lorsque ces réactions sont récurrentes, vous pouvez vous estimer hyperémotif et avez probablement besoin de libérer plus que d'autres vos émotions.

Les hyperempathiques

Certaines personnes sont extrêmement sensibles à la souffrance d'autrui et sont de véritables éponges émotionnelles. Cette hyperempathie est la conséquence de grandes qualités relationnelles, telles que l'écoute, la bienveillance, l'altruisme, la compassion. Elle les porte naturellement vers des métiers à vocation humaine. Cependant, il est parfois nécessaire pour ces personnes d'apprendre à se mettre à une juste distance des émotions des autres, afin de ne pas trop souffrir.

Quand les émotions nous rendent malades

VÉCU

Souffrant de fortes migraines et de colites spasmodiques depuis 3 mois, je suis allée voir mon médecin homéopathe il y a 1 semaine et je lui ai tout raconté, mon divorce douloureux, les enfants, mes parents malades... Il m'a posé plein de questions, j'étais au bord des larmes. Depuis, je suis exténuée, comme si le fait d'avoir compris toutes ces choses m'avait fait relâcher la pression. Ces derniers mois, je me suis souvent réveillée en sueur, avec des fourmis dans la main gauche et des sensations d'étouffement. Le médecin m'a dit qu'il s'agissait de crises d'angoisse. Il m'a donné un traitement homéopathique de 3 mois...

J'ai aussi décidé d'entreprendre une psychothérapie afin de trouver un lieu où je puisse exprimer toutes les émotions que je ressens et qui me font souffrir.

Carole, 53 ans

Depuis les travaux du psychologue Robert Adler, nous savons que le corps et les émotions sont connectés. Il a été le premier à découvrir que le système immunitaire est réactif aux émotions et prouvé le lien entre le système nerveux et le système immunitaire.

Aujourd'hui, une nouvelle discipline est reconnue dans le monde scientifique : la psycho-neuro-immunologie. Elle travaille sur le lien entre l'esprit, le système nerveux et le système immunitaire.

À savoir

Émotions et médecine chinoise

Depuis 3 000 ans, la médecine chinoise associe les émotions aux cinq organes vitaux. Les émotions mal gérées peuvent provoquer des dysfonctionnements physiologiques. Le corps et l'esprit sont indissociables : l'équilibre de l'un dépend de l'autre.

- La colère est associée au foie.
- L'anxiété aux poumons.
- Les soucis à la rate.
- La tristesse aux poumons.
- La peur aux reins.
- La joie au cœur.

Les recherches montrent que les émotions jouent un rôle important dans la régulation du système nerveux végétatif. Le « système nerveux végétatif », dit aussi « autonome », est un système qui permet de réguler différentes fonctions automatiques de l'organisme (digestion, respiration, circulation artérielle et veineuse, pression artérielle, sécrétion et excrétion).

Compréhension scientifique

Les hormones sécrétées en cas de stress, l'adrénaline et le cortisol principalement, permettent de mobiliser l'organisme pour réagir. Lorsqu'elles affluent, le corps inhibe l'activité des cellules immunitaires, probablement dans le but d'économiser de l'énergie afin d'affronter la situation d'urgence. Si le stress est trop récurrent et trop fort, les cellules immunitaires ne sont plus suffisamment opérationnelles, rendant ainsi l'organisme plus fragile.

« Le stress et les émotions négatives mal gérées affaiblissent la réponse immunitaire du corps. »

Du simple rhume, en passant par la migraine, l'asthme, l'ulcère ou l'infarctus, les scientifiques établissent un lien de plus en plus clair entre l'apparition de la maladie et les émotions négatives mal gérées.

Le stress et les émotions négatives récurrentes constituent même un facteur de risque analogue au tabagisme ou à un taux de cholestérol élevé pour les maladies cardiovasculaires. L'anxiété, en particulier, est l'émotion dont les rapports avec la maladie et la guérison ont été le mieux prouvés scientifiquement.

L'intestin : notre second cerveau

La fonction première de l'intestin est de veiller à la bonne digestion des aliments que nous mangeons. Cependant, les travaux du Dr Gershon ont permis de découvrir que l'intestin contient plus de 100 millions de neurones qui sécrètent quelque 20 neurotransmetteurs identiques à ceux produits par le cerveau. (Un « neurotransmetteur » est une molécule chimique qui assure la transmission des messages d'un neurone à l'autre.) L'intestin peut donc être considéré comme un second cerveau.

> « L'intestin produit 95 % de la sérotonine, un neurotransmetteur qui participe à la gestion de nos émotions. Il existe donc un véritable échange entre nos deux cerveaux. »

L'état de notre mental va influer sur notre ventre, et inversement, notre intestin peut perturber notre moral. Nos deux cerveaux sont ainsi dans l'obligation de coopérer pour notre plus grand bien, sans quoi il se produit des déséquilibres corporels et émotionnels. Le ventre représente la mémoire de notre vie émotionnelle.

Les « maux de ventre » peuvent alors être considérés comme des « mots de ventre » et être la conséquence d'émotions refoulées qui ont besoin de se libérer.

EXERCICE

À l'écoute de mon corps

Quels sont les tensions ou les maux récurrents que je ressens ?
Par exemple : mal de tête, mal de dos, mal au ventre, tensions dans la nuque, eczéma.

1..
2..
3..
4..

Quand, dernièrement, j'ai ressenti ces tensions ?
Par exemple : avant mon entretien professionnel après un appel téléphonique avec ma mère.

1..
2..
3..
4..

Quelles sont les émotions que j'ai ressenties ?
Par exemple : inquiétude, colère, tristesse.

1..
2..
3..
4..

Prendre le temps d'écouter son corps permet de mieux repérer les situations anxiogènes et les émotions négatives qu'elles génèrent. Cette lecture attentive de soi permettra de mieux se connaître afin de réguler et libérer les tensions physiques et émotionnelles.

3. LA MARQUE DE FAMILLE

« Sois fort », « Ne pleure pas », « Serre les dents ». L'éducation ne nous a pas toujours autorisés à exprimer nos émotions. Notre culture privilégie l'intellect. Le ventre, qui est le réceptacle de nos émotions, n'est pas pris en considération, on le cache, on le rentre.

Et pourtant, les enfants expriment bien par leurs maux de ventre leurs difficultés émotionnelles.

Notre première éducation émotionnelle se construit dans notre famille, avec plus ou moins de bonheur. Elle nous marquera à vie.

VÉCU

J'ai passé mon enfance à refréner mes émotions, car cela était mal vu dans ma famille. Après une psychothérapie, j'ai renoué avec elles et j'ai appris à les libérer et à les exprimer.

Dans l'éducation que j'ai donnée à mes enfants, j'ai pris soin d'écouter et de respecter leurs expressions émotionnelles dès leur plus jeune âge. Mais un jour, en entrant dans la chambre de mon fils adolescent, je l'ai trouvé en train de pleurer, car son amoureuse venait de le quitter. J'ai senti l'anxiété monter en moi, car c'était son premier chagrin d'amour et cela me faisait mal de le voir souffrir. Je me suis alors entendu dire : « Mais ne pleure pas, enfin… »

Il a tourné son visage vers moi et m'a foudroyée du regard : « Tu m'as toujours dit que j'avais le droit de pleurer quand j'étais triste, et là, je suis triste, alors laisse-moi tranquille ! »

J'ai alors fermé doucement la porte et je me suis précipitée sur le téléphone pour appeler une amie afin de lui parler de mon angoisse de voir mon fils souffrir et pleurer !

Patricia, 44 ans

L'ÉDUCATION CONDITIONNE NOS ÉMOTIONS

Enfants, nous apprenons ce qu'il convient de ressentir afin d'avoir toutes les chances de plaire à nos parents. Certains enfants comprennent que, dans leur famille, rien ne sert de pleurer, alors ils ne pleurent plus ; d'autres font le même constat avec la colère. En ce qui concerne l'anxiété, elle inquiète souvent les parents, car cela les renvoie à leurs propres angoisses, alors l'enfant taira les siennes.

Nos parents comme modèles émotionnels

Les parents étant des modèles pour les enfants, ces derniers vont se comporter de la même manière qu'eux. Lorsque les parents expriment facilement leurs émotions, de manière fluide et positive, alors les enfants vont le faire spontanément.

> « Un enfant, qui voit et entend son père ou sa mère exprimer ses émotions, n'aura pas peur de le faire lui-même. »

Si l'enfant sent que les émotions sont taboues et ne doivent pas être exprimées, alors il les refoulera.

Cette éducation émotionnelle laissera en nous des traces profondes qui nécessiteront parfois des années de réapprentissage émotionnel afin de nous autoriser à écouter et à ressentir, et nous laisser vivre nos émotions.

Parents et imparfaits

Évidemment, nous ne sommes pas des parents parfaits et nous pouvons, de temps en temps, nous emporter. Mais si nous sommes capables de nous excuser auprès de notre enfant, alors celui-ci comprendra que nous sommes comme lui, des êtres humains faillibles. C'est un beau cadeau que nous lui faisons, car nous l'autorisons, lui aussi, à ne pas être parfait.

Un parent qui élève son enfant dans le reproche, l'humiliation, l'autoritarisme ne va pas l'aider à acquérir la confiance nécessaire en lui pour se construire. L'enfant va ravaler ses émotions et se faire tout petit.

La non-reconnaissance des émotions de l'enfant va l'éloigner de ce qui vit en lui. Mais, bien plus grave encore, cette ignorance va l'éloigner de l'affection et de la réassurance dont il a besoin.

Parfois, le parent pense tout simplement que ce que ressent l'enfant n'est pas important. C'est la preuve que lui-même n'est pas connecté à ses propres émotions.

QUAND L'ENFANT NE SE CONTRÔLE PLUS

Certains enfants ont des réactions de colère violentes : cris, coups dans les objets, agitation dans les mouvements, puis plus tard, provocations, insolence. Ces manifestations laissent le parent souvent désarmé. Le parent peut réprimer fermement ces expressions, tout comme il peut laisser faire et ne rien dire.

Il ne s'agit pas de réprimer l'enfant ni de le laisser faire, mais plutôt de l'autoriser à éprouver la colère tout en posant des limites à son comportement. L'écoute et le respect de l'enfant vont lui permettre d'acquérir l'estime de soi et de se dire que ce qu'il ressent est juste et non répréhensible. Il comprendra aussi que les actes agressifs ne sont pas acceptés. « Tu es très en colère parce que ta sœur a pris ton jouet, c'est cela ? Je le comprends, mais je ne peux te laisser la frapper. »

La bienveillance éducative, c'est offrir à nos enfants une présence bienveillante et compréhensive, tout en leur indiquant les limites. Mais c'est aussi dire à son enfant sa propre colère face à un comportement inacceptable.

Les émotions de nos enfants qui nous heurtent

Et puis il y a le regard des autres lorsque notre enfant exprime des émotions négatives en public. Que vont-ils penser ? Que je ne suis pas un bon parent ? Que mon enfant n'est pas l'enfant parfait que la société attend ?

Les émotions de nos enfants nous renvoient également à notre propre enfance et à la manière dont nous avons été autorisés à les exprimer ou non. Acceptons alors de laisser vivre les émotions de nos enfants et autorisons-nous à exprimer ce que nous n'avons pas pu dire enfants.

Nous ne pourrons éveiller l'intelligence émotionnelle de nos enfants sans développer la nôtre.

« C'est parce que nous nous autorisons à pleurer lorsque nous sommes tristes que nous accepterons les larmes de nos enfants. »

Les parents émotionnellement plus à l'écoute vont développer des relations plus tendres, détendues et proches avec leurs enfants.

Ces enfants vont alors évoluer à l'extérieur de la famille plus sereinement et pourront entretenir des relations saines et équilibrées avec leurs amis. Ils seront également plus appréciés de leur entourage, car ils seront sincères. C'est en étant connecté à lui-même qu'un enfant va l'être aux autres.

EXERCICE

Rappelez-vous

Quelles étaient les émotions autorisées dans votre enfance ?

Peur : ....

Colère : ....

Tristesse : ....

Quelle était la réaction de vos parents lorsque vous exprimiez une émotion négative ?

Par exemple : « Arrête de pleurnicher ! », « Sois fort », « Va dans ta chambre ! »...

Lorsque j'exprimais de la peur : ....
....
Lorsque j'exprimais de la colère :..................................
....
Lorsque j'exprimais de la tristesse : ....
....

Quelles étaient vos réactions (corporelles, comportementales, psychiques) lorsque vos émotions ne pouvaient s'exprimer ?
Par exemple : j'avais mal au ventre, je pleurais en silence, je fermais fort les yeux, je pensais : « Même pas peur ! »
....
....
....

Le bébé, une éponge émotionnelle

In utero déjà, le bébé est connecté aux émotions de sa mère. Par le liquide amniotique, il va goûter l'adrénaline sécrétée en cas de colère ; par le son de la voix maternelle, il va entendre son humeur ; par les pulsations de son cœur, il va ressentir si sa mère est calme ou énervée. Une respiration profonde et sereine ou calme et saccadée va lui transmettre enfin des indications émotionnelles. Toutes ces informations vont le marquer à vie.

VÉCU

J'ai toujours ressenti une anxiété et des douleurs au plus profond de mon ventre, sans savoir d'où cela venait. J'avais beau exprimer mes émotions et en parler, le sentiment d'insécurité ne me quittait pas. Puis un jour, ma mère m'a raconté les circonstances de ma naissance. C'était pendant la guerre civile dans mon pays d'origine ; elle était enceinte de moi et mon père était recherché par la police. Menacés de mort à plusieurs reprises, ils ont dû fuir leur pays et se cacher. Ma mère m'a avoué que « la peur ne quittait pas son ventre ». Depuis ce jour, je suis sur le chemin de la libération de cette émotion ancienne enfouie. Dès que la peur me prend le ventre, je pose ma main dessus et je me dis : « Rassure-toi, tu n'es pas en danger... »

Massilia, 55 ans

L'éducation émotionnelle continue dans le berceau. Le bébé se synchronise avec l'émotion de sa mère. S'il se réveille en pleine nuit en pleurant et que sa mère ou son père sont disposés à le prendre tranquillement dans leurs bras pour le calmer, il se sentira rassuré et en sécurité, et pourra alors se rendormir tranquillement.

Mais la vie d'un jeune parent n'est pas un long fleuve tranquille. Lorsqu'il parvient à sortir de son lit, épuisé après plusieurs nuits sans sommeil, et qu'il prend son bébé qui pleure dans ses bras, il peut se sentir énervé, stressé, fatigué. Le bébé va sentir ce stress et aura du mal à se calmer et à se rendormir.

Tous les parents ont vécu cette situation, et c'est bien normal, mais lorsque cela devient récurrent, l'enfant va alors comprendre qu'il ne peut compter sur eux pour le rassurer. En fonction de la réaction habituelle de ses parents, le bébé va développer une confiance ou une méfiance vis-à-vis de son environnement.

De même, lorsque le bébé tombe en faisant ses premiers pas, s'il ressent de l'inquiétude dans le regard de sa mère, il va à son tour s'inquiéter et pleurer. Par contre, si celle-ci sourit, il sourira à son tour.

Et ce schéma va se jouer tout au long de son enfance. **Le regard et l'émotion des parents permettront à l'enfant de construire, plus ou moins bien, un équilibre et une confiance émotionnelle.**

Tempérament et émotions

Nous ne pouvons pas cependant réduire les comportements émotionnels à l'éducation. En effet, une part d'inné vient également jouer un rôle important dans la personnalité. **L'être humain est le produit de son patrimoine génétique** (l'inné) **et de son expérience** (l'acquis). Qui plus est, l'interaction est si étroite que l'environnement agit sur les gènes en modifiant leur expression émotionnelle. La part de l'inné peut évoluer en fonction de l'environnement et de l'éducation.

Les quatre tempéraments de base

Selon le psychologue Jérôme Kagan (spécialiste de l'étude de l'influence du tempérament sur le développement de la personnalité, université Harvard, États-Unis), il existe au moins **quatre tempéraments de base : le timide, le hardi, le mélancolique et l'optimiste.**

« Les enfants timides semblent dotés, à la naissance, de circuits neuronaux qui les rendent sensibles au moindre stress. Leur cœur bat plus vite que celui des autres bébés dans des situations inhabituelles. »

Cette « hypersensibilité génétique » expliquerait leur timidité. Cependant, le destin n'est pas inscrit de manière définitive dans le tempérament. En habituant un enfant timide à affronter les petites difficultés, il gagnera en courage.

« En protégeant son petit enfant hypersensible contre tout ce qui pourrait le frustrer et le contrarier, la mère aggrave apparemment son manque d'assurance et aboutit à un résultat opposé à celui recherché. » La façon dont les parents vont élever leur enfant timide devient donc déterminante.

LE SEXE DES ÉMOTIONS

Pourquoi les garçons ne pourraient-ils pas pleurer ? Pourquoi cette émotion semble-t-elle réservée aux filles ? Le poids culturel et celui de l'éducation sont encore très forts dans notre société, et l'éducation « sexuée » conditionne l'expression de nos émotions.

VÉCU

Lorsque j'étais petit et que je pleurais parce que j'étais triste, mon père me lançait un regard dur en me disant : « Un homme doit être fort et ne pas pleurer. » Alors je ravalais mes larmes. J'ai appris à être fort, à être courageux. J'ai réussi brillamment mes études, j'ai réussi socialement, je me suis marié et, lorsque ma femme m'a quitté il y a 2 ans et que ma mère est décédée au même moment, j'ai senti une vague de tristesse me submerger. J'ai tenté de la retenir, car je sentais le regard de mon père sur moi. Mais cette vague m'a anéanti et je me suis retrouvé dans le cabinet de mon médecin qui m'a diagnostiqué une dépression. J'ai compris qu'il était temps de pleurer...

Olivier, 39 ans

Émotions « sexuées » innées ?

Il semblerait que les filles soient dotées d'un « talent émotionnel » qui les rend plus empathiques et à l'écoute dès le plus jeune âge. En fait, les chercheurs pensent que leurs dispositions émotionnelles seraient le résultat de leurs efforts pour compenser un handicap. En effet, elles sont moins expressives corporellement que les garçons : pour la plupart, elles s'agitent moins et crient moins fort. Elles compenseraient ce handicap dès l'apparition du langage en exprimant davantage leurs émotions.

Par ailleurs, si les filles sont moins agressives de manière innée, la composante hormonale en est probablement la raison ; l'agressivité semble en effet favorisée par la testostérone.

Sois fort mon fils, sois gentille ma fille

Les parents n'éduquent pas les filles et les garçons de la même façon. Notre société valorisant les hommes, les parents vont avoir tendance à davantage encourager leurs garçons à défendre leurs intérêts et à s'imposer, plus qu'ils ne le font pour leurs filles. Dès le plus jeune âge, les garçons sont encouragés lorsqu'ils prennent des risques. Lorsqu'une mère se plaint de son fils en disant : « C'est un vrai casse-cou », elle ressent en même temps une pointe de fierté. À l'inverse, les filles sont incitées à être dociles et sages, et leur timidité est mieux supportée par les parents. Les chercheurs ont également constaté que les parents sourient davantage à leur bébé fille et lui parlent plus volontiers. Cette intimité renforce l'aptitude des filles à l'écoute et à la communication.

« Le regard parental ne va pas favoriser toute la palette d'expressions émotionnelles de l'enfant et va générer des amplifications ou des blocages émotionnels. »

EXPÉRIENCE

Un enfant qui pleure

Une expérience américaine étonnante a montré l'idée que se faisaient les parents d'un enfant qui pleure. On a montré à des parents des photos de bébés en larmes : si on leur dit que c'est un garçon, les parents répondent que l'enfant est en colère ;

si on leur dit que c'est une fille, ils répondent qu'elle est triste ou a peur.
La colère semble donc plus « virile » que la peur ou la tristesse dans nos imaginaires.
Ainsi, si on se méprend sur la nature des émotions de nos enfants, ils auront bien du mal à les reconnaître à leur tour.

Ce qu'en pensent les enfants

Selon des études, les enfants eux-mêmes, dès l'âge de 3 ans, attribuent spontanément les émotions bienveillantes et « gentilles » aux filles, et les émotions de colère, d'agressivité et de fierté aux garçons.

Loin d'être un cliché, on peut constater dans les cours d'écoles que les jeux des filles vont se dérouler dans une certaine intimité et en petits groupes, ce qui favorise la conciliation. Ce comportement va se perpétuer à l'âge adulte dans le besoin d'intimité des femmes entre elles.

Les garçons, quant à eux, vont constituer des bandes dignes de « la guerre des boutons » et plus propices aux bagarres. Les mentalités changent cependant. Aujourd'hui, nous pouvons observer une évolution culturelle et éducative qui décloisonne ces émotions « sexuées ».

« Autorisons nos fils à exprimer leur tristesse, leur peur, et acceptons que nos filles ne soient pas toujours dociles. »

4. TROIS ÉMOTIONS NÉGATIVES SIMPLES

Dans ce chapitre, nous allons traiter des trois principales émotions négatives que nous exprimons le plus souvent et qui ont un impact psychologique fort : la peur, la colère et la tristesse.

Nous avons peur parce que nous ne savons pas de quoi seront faits nos lendemains, et la vie nous apporte en permanence des raisons d'être effrayé.

Et si nous acceptions justement la peur comme le propre de l'existence humaine.

La colère nous permet de nous affirmer lorsque quelque chose ne nous convient pas. Une colère saine est libératrice et régule les relations afin, justement, d'en éviter la détérioration. Encore faut-il prendre garde à ne pas agresser son interlocuteur.

La tristesse nous fait couler bien des larmes. De chaudes larmes pour l'enfant qui se demande, le premier jour de la rentrée à l'école maternelle, si sa maman viendra le chercher. Des larmes de passion

lorsque notre cœur est brisé par le départ de l'être aimé.

Alors pleurons, car c'est le meilleur moyen de libérer notre tristesse.

LA PEUR

« Maman, il y a un monstre dans ma chambre ! » Nos enfants expriment leurs peurs au travers de leur imaginaire et nous les rassurons, car bien sûr, il n'y a pas de monstre sous leur lit. « Mais si, maman, il va revenir ! »

Et si, à l'âge adulte, nous sommes persuadés que les monstres n'existent que dans les contes, nous sommes confrontés à nos peurs de « grands », qui prennent parfois des formes aussi effrayantes.

> « Nos peurs nous accompagnent durant toute notre vie et nous rendent la vie plus difficile. »

La peur nous fait peur, et pourtant, nous avons vu qu'elle a été nécessaire à la survie de notre espèce. Elle informe notre corps d'un danger potentiel.

La peur de l'inconnu et du changement

La peur apparaît lorsque nous sommes confrontés à l'inconnu, c'est-à-dire lorsqu'un imprévu surgit ou pourrait surgir ; c'est une émotion d'anticipation.

Un imprévu peut faire irruption dans le présent, mais nous pouvons aussi redouter quelque chose que nous ne connaissons pas encore. Nous avons peur de l'inconnu, car nous ne savons pas où nous allons et nous avons tendance à imaginer des scénarios négatifs.

L'inconnu sous-entend également un changement et nous préférons la stabilité. **La résistance au changement est inhérente à l'être humain.**

Déjà tout petit, l'enfant appréhende le changement ; il n'y a qu'à observer les rentrées d'écoles maternelles. Les pleurs des enfants expriment leur désarroi face à leur nouvelle vie. La maîtresse et les autres enfants vont-ils être gentils ? Maman va-t-elle revenir ? Et pour peu que la maman soit anxieuse, l'enfant aura alors de bonnes raisons de s'inquiéter.

Le besoin de sécurité

Notre besoin de sécurité est fondamental et, dès notre naissance, nous avons besoin de repères et de stabilité pour nous construire. Nous avons besoin de savoir que les choses que nous connaissons ne changent pas.

Le paradoxe auquel nous sommes confrontés, c'est que la vie n'est que changement et que chaque moment nous le rappelle. Nous sommes là, assis à lire ce livre, et tout à l'heure, nous ferons autre chose. Nous avions bien organisé une journée de travail et une série d'imprévus est venue contrarier notre organisation.

Nous-mêmes changeons constamment, à chaque instant de notre vie. Tout passe et tout change, même la peur.

Ne pas accepter le changement est donc source d'anxiété.

À savoir

Regard bouddhiste

« La prise de conscience du caractère éphémère
de la vie est la cause d'une grande souffrance.
Quand on vit un moment de bonheur et qu'il passe, on souffre : c'est le chagrin d'avoir lâché des instants agréables pour autre chose, pas forcément désagréable d'ailleurs, mais simplement, on ne peut plus contrôler ce que nous avons dans nos mains, maintenant. Les fleurs vont se faner, ma jeunesse va partir, toute rencontre va s'achever en séparation. La souffrance surgit parce qu'on ne veut pas accepter ce changement continuel, qui est notre vie. »

Lama Lhundroup

La peur dure quand nous ne l'écoutons pas. Il ne s'agit pas de la mettre de côté, mais plutôt de lui donner un espace d'expression. En se laissant envahir par la peur et en allant au bout de pensées anxiogènes, on peut désamorcer les scénarios catastrophes. Il s'agit d'aller explorer les recoins les plus sombres de notre peur afin de les neutraliser en les verbalisant.

EXERCICE

Scénario catastrophe

Imaginez une situation qui vous fait peur.
Écrivez le pire qu'il puisse vous arriver.

Par exemple : j'ai un entretien d'embauche demain matin.
Scénario catastrophe : je ne me réveille pas, j'arrive en retard, j'ai oublié mon dossier, j'ai une énorme tache sur ma chemise, je bafouille, je transpire...

....
....
....
....
....
....
....
....
....

Cet exercice permet d'aller au bout de ses pensées négatives, de les amplifier, de les exprimer. Les idées noires ainsi évacuées auront pour effet de diminuer la charge anxiogène. Cela permet également d'anticiper les problèmes en s'y préparant : vérifier son réveil, vérifier sa chemise, bien respirer avant l'entretien...

Peurs réelles ou fantasmées

La peur prévient d'un danger réel ou imaginaire. La difficulté est de reconnaître la nature du danger et de distinguer entre le réel et l'imaginaire. L'idée que l'on se fait du danger est parfois subjective. Quoi qu'il en soit, l'effet est le même, le corps et l'esprit sont en état d'alerte, et notre système nerveux s'emballe.

VÉCU

Ces dernières semaines, je me sentais très fatiguée par la surcharge de travail, les enfants turbulents, la course quotidienne... J'avais remarqué, depuis quelque temps, que je m'essoufflais facilement, que mon cœur s'emballait de temps en temps et que j'avais des oppressions thoraciques. En lisant un article dans un journal sur les maladies cardiaques, je me suis sentie mal. Mais bien sûr, j'avais un problème cardiaque !

Je suis rentrée un jour chez moi totalement angoissée et j'ai passé une nuit agitée. Le matin, j'ai pris rendez-vous avec mon médecin pour le lendemain. J'ai passé une journée d'attente digne d'un film d'épouvante, à imaginer toutes les conséquences de ma maladie cardiaque, et d'ailleurs, si mon cœur s'arrêtait de battre à l'instant !

L'heure bénie du rendez-vous avec mon médecin arriva, et en 10 minutes, le diagnostic est tombé : « C'est le stress, madame, reposez-vous et faites de la relaxation. »

J'ai failli l'embrasser et je suis sortie, rassurée, en prenant la bonne résolution de m'inscrire au cours de yoga près de chez moi. Mais mon téléphone sonna, c'était l'école qui m'appelait, car mon fils était tombé du toboggan, apparemment rien de grave, mais il fallait quand même l'emmener à l'hôpital. Ça y est, mon cœur s'emballait de nouveau, ma maladie cardiaque !

Valérie, 37 ans

Notre perception du danger n'est donc pas toujours réaliste et notre imaginaire va parfois prendre le dessus et fausser la notion de danger. Il convient donc de faire la différence entre une situation qui est potentiellement dangereuse et une autre qui ne l'est pas.

Notre tempérament va influer sur nos perceptions. Lorsqu'on est de nature anxieuse, on va avoir tendance à imaginer les pires scénarios en attendant un rendez-vous chez le médecin, alors que d'autres prendront ou non rendez-vous pour un contrôle et ne seront pas perturbés pour autant.

« Une personne anxieuse trouvera un intérêt certain à tenir à distance ses pensées anxiogènes. »

Les manifestations corporelles de la peur

Lorsque nous avons peur, notre organisme produit des hormones qui vont se propager dans tout le corps. Les réactions corporelles vont être d'intensité variable :

- Souffle coupé.
- Oppression thoracique.
- Accélération des battements du cœur.
- Transpiration, mains moites.
- Tremblement du corps, de la voix.
- Boule dans l'estomac, nausées.
- Coliques, diarrhées.

- Boule dans la gorge, difficulté à déglutir.

Les effets peuvent également être psychologiques :
- Confusion.
- Sentiment de « tête vide ».
- « Anesthésie psychique ».

Toutes ces réactions sont la conséquence de la mobilisation de notre système nerveux et il est important de les repérer afin de les libérer.

À savoir

Les différentes formes de la peur

Il existe un vocabulaire riche pour distinguer les différentes nuances de la peur. Chaque expression traduit un niveau d'intensité différent.
- Inquiétude, trac, crainte, appréhension.
- Anxiété.
- Affolement, frayeur, hantise.
- Effroi, épouvante, terreur.
- Angoisse.
- Affolement, panique.

EXERCICE

Portrait chinois de ma peur

Pensez à une peur que vous avez en ce moment (peur des résultats de la dernière prise de sang...).

....

Si ma peur était un animal, ce serait :

....

Si ma peur était un personnage, ce serait :

....

Si ma peur était un pays, ce serait :

....

Si ma peur était une couleur, ce serait :

....

Si ma peur était un outil, ce serait :

....

Si ma peur était un métier, ce serait :

....

Ce simple petit jeu vous aidera à vous familiariser avec votre peur et à dédramatiser.

De l'intérêt de la peur pour l'enfant

VÉCU

Je n'ai pas eu une enfance facile, alors j'ai élevé mes enfants comme j'aurais aimé l'être, dans un cocon protecteur les préservant au maximum des agressions de la vie. Je me suis d'ailleurs arrêtée de travailler jusqu'à ce que l'aînée ait 6 ans et je ne regrette nullement. Simplement, lorsque ma fille a eu 19 ans, elle m'a dit un jour : « Mais tu ne nous avais pas préparés à cette vie difficile. En fait, on a grandi dans un monde de bisounours, et maintenant, c'est vraiment dur d'être confronté à la réalité ! » Et boum, prends ça maman ! Ma fille a eu une entrée dans la vie active difficile. Cependant, à 25 ans, elle est réconciliée avec la vie et se réalise. Quelle ne fut pas ma joie lorsqu'elle m'a dit dernièrement : « Maman, tu m'as donné tout l'amour nécessaire pour me construire » et qu'elle a rajouté : « En fait, j'adorerais revivre avec toi ! » J'ai souri... jaune.

Lucille, 50 ans

Dans les familles où l'on veut absolument écarter les enfants de tout danger, ces derniers risquent d'avoir peur de tout. Ils grandissent dans un monde idéal et, au moment d'entrer dans la vie active, ils sont confrontés à la réalité, avec tout son cortège de difficultés.

Alors, il n'est pas étonnant qu'ils aient du mal à quitter le cocon familial ; c'est le phénomène « Tanguy », ces jeunes adultes qui restent chez leurs parents, car ils ont tout le confort à la maison !

Une des fonctions éducatives des parents, c'est de préparer l'enfant à prendre un jour son envol. Et cette préparation se fait dès le plus jeune âge en ne le surprotégeant pas des difficultés de la vie.

Les peurs primaires

Les premières peurs du bébé sont très archaïques et liées à des sensations fœtales : **se dissoudre, être absorbé ou perdre consistance**.

Puis l'enfant aura des peurs plus relationnelles : **être abandonné, perdu, rejeté, dévoré**. Des peurs que l'on retrouve incarnées dans les monstres, les sorcières, les loups.

Fais-moi peur !

Un après-midi chez Guignol est toujours source de grande excitation pour l'enfant ; hurlements et pleurs se succèdent au fil de l'apparition des marionnettes. Entre 3 et 4 ans, les petits aiment bien avoir des frayeurs. C'est une façon pour eux d'apprivoiser les nombreuses peurs et phobies qu'ils éprouvent par ailleurs. L'enfant a besoin de ces peurs, car elles l'aident à grandir. C'est en les vivant, en les ressentant et en les expérimentant qu'il va pouvoir les dépasser. Il sera fier d'avoir vaincu ses peurs.

Le jeu, le conte, les histoires de dragons et de sorcières permettent à l'enfant de se libérer de certaines peurs, voire de transformer la peur en plaisir.

À savoir

« Tel conte précis peut en effet angoisser l'enfant, mais à mesure qu'il se familiarise avec les contes de fées, les aspects effrayants tendent à disparaître, tandis que les traits rassurants gagnent en importance. Le déplaisir initial de l'angoisse devient alors le grand plaisir de l'angoisse affrontée avec succès et maîtrisée. »
Bruno Bettelheim, *Psychanalyse des contes de fées*

EXERCICE POUR ENFANTS

La petite boîte à peur

Si votre enfant a peur de la sorcière, du loup, du monstre, du noir, du méchant...

- Achetez ou trouvez une petite boîte.
- Installez-vous tranquillement avec lui dans un endroit calme afin de ne pas être dérangé.
- Demandez-lui de dessiner l'objet de sa peur avec des crayons, des feutres, de la peinture.
- Ne cherchez pas à comprendre ou à interpréter ce qu'il dessine.
- Puis demandez-lui d'en parler s'il le souhaite. Écoutez attentivement, sans juger et avec empathie.
- Pliez avec lui le papier avec le dessin.
- Demandez-lui de le mettre dans la petite boîte.
- Fermez la boîte, et s'il le souhaite, vous pouvez l'entourer de scotch ou de ficelle.
- Demandez à votre enfant à quel endroit il souhaite que l'on dépose cette boîte, votre chambre, le salon, le bureau de papa, le jardin, la campagne, la rivière...
- Faites-le avec lui et dites-lui : « Voilà, ta peur est là, dans cette boîte, et à présent, elle va te laisser tranquille... »

La peur chez l'adolescent

Les jeunes adolescents se délectent devant les films d'horreur ou de vampires : « Même pas peur ! » C'est une période de la vie très troublante, car pleine de changements corporels et psychiques : puberté, voix qui change, corps qui grandit vite, pensées qui évoluent, sexualité qui s'exprime, rejet des parents… Ce passage à l'âge adulte est inquiétant, et afin de conjurer ses peurs, l'adolescent, tout comme lorsqu'il était enfant, va jouer à se faire peur. C'est en regardant des films de vampires qu'il va pouvoir affronter et surmonter ses peurs et angoisses qui sont liées à la transformation, au changement, à la mort, à l'identité, à l'exclusion…

Cette confrontation à la peur par l'imaginaire fait donc partie du processus de construction de sa personnalité. Cependant, lorsque ce besoin d'éprouver la peur s'exprime par des comportements de réelle mise en danger, cela devient problématique et le rôle des parents est alors primordial.

LA COLÈRE

La colère est un signal d'alarme qui indique une limite à ne pas dépasser et une demande de changement. Elle apparaît à la suite d'une insatisfaction, d'un manque ou d'une frustration, et lorsque certains de nos besoins ne sont pas respectés. Elle permet d'affirmer une volonté personnelle. La colère est dirigée vers une personne, un objet ou une situation qui ne répond pas à notre attente ou besoin.

Elle apparaît régulièrement dans notre quotidien lorsque nos plans sont contrariés. Il existe une multitude de « petites occasions » d'être insatisfait : panne d'ordinateur, du lave-linge, embouteillage, retards, rendez-vous raté…

La colère permet également de signifier son désaccord sur un comportement : une collègue désagréable, les enfants désobéissants, le voisin bruyant, la mère trop envahissante...

Elle est la résultante d'une situation non souhaitée et qui nous est imposée. On en veut à quelqu'un ou à quelque chose de nous faire vivre une telle situation. Il y a un obstacle à notre satisfaction.

La colère peut enfin surgir de manière inattendue et inappropriée, car elle était retenue depuis longtemps.

La colère impopulaire

La colère n'a pas toujours bonne presse, car elle est assimilée à l'agressivité ou à la violence. Elle est d'ailleurs, dans la religion catholique, l'un des sept péchés capitaux.

La colère nous pousse parfois à réagir de manière impulsive. Ne vous est-il jamais arrivé de taper sur l'appareil qui tombe en panne juste au moment où vous en avez le plus grand besoin ? Et parfois, lorsqu'elle est dirigée sur une personne, les mots durs et blessants peuvent fuser, sans compter les gestes violents dont les conséquences sont catastrophiques.

L'énergie positive de la colère

La colère est saine à condition de l'exprimer de manière acceptable. Elle est l'une des émotions les plus énergisantes. Elle est pleine de vitalité, car elle nous pousse à défendre nos droits et nos valeurs.

Il est essentiel d'exprimer la colère, car c'est la vie et nos besoins qui s'expriment à travers elle.

En exprimant ma colère, je vais respecter et faire respecter mes besoins. La colère va affirmer ce qui est important pour moi ; elle est en ce sens un signe d'affirmation de soi.

Elle permet par ailleurs de vaincre l'obstacle qui se dresse devant nous. La colère, lorsqu'elle est gérée avec respect, est une énergie positive, car elle va faire avancer les choses. C'est une source de progrès pour tout le monde.

La colère refoulée

En refoulant la colère, l'énergie va rester à l'intérieur de soi, créant ainsi toutes sortes de tensions physiques et psychiques. Se retenir ou bouillir en silence n'est pas bon pour son équilibre.

« La colère génère une multitude d'hormones qu'il convient de libérer, sans quoi elles se transformeront en toxines pour le corps. »

Parfois la colère reste bloquée pendant des années, amenant un stress difficilement supportable pour l'organisme. Et c'est au détour d'une crise que l'on se rendra compte qu'il y avait une grosse colère au plus profond de nous.

EXERCICE

- Quelle est la dernière situation où je me suis senti en colère et où je n'ai rien dit ?

....

....

- Comment me suis-je senti au moment où je refoulais ma colère ?

....

....

- Pourquoi n'ai-je rien dit ?

....

....

- Ce que j'aurais envie de dire maintenant :

....

....

Les manifestations corporelles de la colère

La colère provoque plusieurs modifications physiologiques dont l'objectif est de préparer le corps au mouvement et à la réaction :

- Augmentation de l'activité cardiorespiratoire.
- Accélération du rythme cardiaque.
- Rougissement.
- Respiration plus ample et rapide.
- Hausse du volume de la parole, cris.
- Contraction de tout le corps.
- Poings fermés.
- Sourcils froncés, narines dilatées.
- Chaleur diffuse.

À savoir

Les différentes formes de colère

La colère s'exprime avec différentes intensités et sous plusieurs formes, depuis l'irritation jusqu'à la fureur. Citons-en quelques expressions :

- Mécontentement.
- Énervement.
- Agacement.
- Exaspération.
- Colère.
- Courroux.
- Agressivité.
- Fureur.
- Rage.

Exprimer sa colère en respectant l'autre

Lorsque la colère est mal gérée, elle peut détériorer les relations ; c'est pourquoi il convient d'apprendre à l'exprimer de manière respectueuse. Il s'agit d'arriver à dire à l'autre son ressenti sans le mettre en accusation, mais en parlant de ce que son comportement a déclenché en soi. La colère devient alors un levier constructif pour la relation.

En s'inspirant de la communication non violente de Marshall Rosenberg (voir page 179), nous pouvons arriver sans agressivité ni exaspération à exprimer ce que l'on ressent ou désire.

L'indignation

L'indignation est une énergie dérivée de la colère ; elle nous permet de nous révolter et d'agir contre les injustices de ce monde. C'est une colère au service de la dignité de l'être humain et de la justice. Depuis la publication de l'opuscule de Stéphane Hessel, ancien résistant, *Indignez-vous*, l'indignation est devenue un véritable mouvement de pensée.

> « Je vous souhaite à tous, à chacun d'entre vous, d'avoir votre motif d'indignation. C'est précieux. Quand quelque chose vous indigne comme j'ai été indigné par le nazisme, alors on devient militant, fort et engagé. »
>
> Stéphane Hessel, *Indignez-vous*

L'indignation sera d'autant plus efficace qu'elle sera partagée. **C'est parce que les grandes indignations de l'histoire ont été collectives qu'elles ont pu faire reculer les injustices.**

EXERCICE

- Qu'est-ce qui vous indigne autour de vous ?

....

....

- Dans la société ou dans le monde ?

....

....

Colère et proactivité

La colère est peut-être l'émotion la plus difficile à apprivoiser, car elle procure le plus de satisfaction intérieure. Elle déclenche un monologue qui plonge dans l'autosatisfaction, puisque, sous son emprise, un individu est persuadé d'avoir raison. Elle donne ainsi un pouvoir de persuasion qui va rendre difficile le changement de regard sur la situation.

Lorsque nous sommes en colère, nous avons tendance à rejeter la faute sur les autres en maugréant. Nous nous enfermons alors dans une posture de victime qui nous empêche de modifier notre position.

Être proactif c'est prendre en main la responsabilité de sa vie, plutôt que de rechercher des causes dans les circonstances ou chez les autres personnes.

Nous ne pouvons pas toujours changer les événements qui nous arrivent, mais nous pouvons toujours changer notre regard sur eux et arrêter de nous plaindre. C'est par ailleurs la meilleure façon de vivre plus heureux.

EXERCICE

Transformez les petites phrases réactives en proactives

Réactif : J'en ai marre de cette collègue qui me critique tout le temps.

Proactif : Je peux lui demander ce qui ne va pas exactement.

1. Il a encore annulé le rendez-vous, ça m'énerve !

....

2. J'en ai marre de ce collègue qui me parle sur ce ton !

....

3. Cette journée a été vraiment catastrophique !

....

4. Ce n'est pas avec le temps qu'on me donne
que je vais boucler ce dossier !

....

5. Ras le bol de ces enfants qui ne m'obéissent pas !

....

6. Il m'énerve à toujours me critiquer !

....

7. Mais ça m'énerve cet ordi qui s'éteint tout seul !

....

Exemples de réponses proactives :

1. Je vais lui demander s'il y a un problème.
2. Je vais lui demander ce qu'il se passe.
3. Je réfléchis aux moments positifs qu'il y a forcément eu.
4. Je vais m'organiser pour y arriver.
5. Je vais essayer d'être plus patient avec mes enfants.
6. Il a sûrement besoin de plus d'écoute.
7. Je vais appeler un ami qui pourra m'aider.

L'escalade de la colère

Lorsqu'une personne est déjà énervée, un simple événement qui la contrarie peut attirer la colère sur le malheureux déclencheur. Nous avons tous vécu ou assisté à la scène de « l'enfant que l'on amène au supermarché alors qu'on sait très bien que ce n'est pas une bonne idée ».

VÉCU

Je me préparais à aller au supermarché en laissant les enfants à mon mari lorsque mon petit de 5 ans s'est accroché à moi pour que je l'emmène. J'ai hésité un instant, car la dernière fois que je l'avais fait, ça s'était soldé par un énervement général.
Mais bon, je n'avais passé que peu de temps avec lui cette semaine, et il est si mignon.
En partant, mon mari m'a demandé, sur un ton qui m'a déplu, de ne pas oublier, comme la dernière fois, ses canettes de bière. Bien qu'irritée, je n'ai rien dit. En arrivant au supermarché, mon téléphone a sonné. C'était ma mère qui avait le chic pour m'énerver en me parlant de mon frère comme le fils prodigue, alors qu'il venait de me faire un coup pendable.
Je suis donc rentrée dans le magasin, assez remontée.
« Maman, je peux avoir des bonbons ?
– Non, tu en as à la maison.
– Maman, tu peux acheter des gâteaux au chocolat.
– Je vais t'en acheter des bons et bio.
– Mais non, ils ne sont pas bons, ceux de la maman d'Étienne sont meilleurs ! J'en veux au chocolaaaaaat !
– Non, tu manges assez de chocolat comme ça.
– Ouaiiiiiinnnnnnn, je veux du chocolat ! dit-il, en jetant par terre le paquet de gâteaux bio (qui sont très bons pour sa santé).
– Mais ÇA SUFFIT maintenant, calme-toi ou tu ne viendras plus avec moi ! ai-je dit sur un ton ferme et en haussant la voix.
Je pensais l'avoir calmé, mais c'était sans compter le fatidique passage près du rayon des jouets (qui a eu l'idée de mettre le rayon des produits ménagers juste à côté du rayon des jouets !).
– Mamaaaaaan, je veux la voituuuure rouge làààààà !

– Mais arrête enfin, tu l'auras pour ton anniversaire, je te l'ai déjà dit !
– Noooooon, je la veuuuuuux ! dit-il, en se roulant par terre.
– Mais je n'en peux pluuuuuuuus, tu vas arrêter maintenant ! ai-je dit en hurlant et en devenant encore plus rouge que la voiture.
Je le saisis alors par le fond de sa culotte et le coinçais dans le volet porte-enfant sans ménagement (j'avoue que j'ai même imaginé l'attacher).
Et voilà comment, un samedi après-midi, je me suis transformée en horrible sorcière de supermarché.

Christelle, 36 ans

Parvenue à un stade d'énervement élevé, une personne ne peut plus se calmer ; elle « voit rouge » et ne maîtrise plus son comportement. Les réactions les plus primaires reprennent le dessus et la raison perd tout contrôle. La colère est une brève folie, disait déjà Sénèque, le philosophe stoïcien. Nous observons que c'est l'accumulation de petits mécontentements qui peuvent provoquer une fureur, quand arrive « la goutte qui fait déborder le vase ». Pour peu que la personne soit fatiguée ou angoissée, le vase va exploser et se briser.

POUR EN SAVOIR PLUS

En cas de surchauffe émotionnelle, les études scientifiques montrent que la stratégie la plus efficace pour se calmer est de se distraire en pensant ou en faisant quelque chose de plaisant. Il convient alors de s'éloigner de la personne déclencheur de la source de colère. L'effet sera alors de diminuer l'excitation et les pensées agressives.

- La relaxation et la respiration sont un bon moyen pour retrouver le calme. L'exercice physique est également un autre excellent moyen d'apaiser la colère.
- Une autre technique consiste à noter sur un papier toutes les pensées qui arrivent, ce qui a pour effet de désamorcer l'agressivité.

Dans l'exemple de la maman au supermarché, il est évident qu'il lui était impossible de se distraire et de s'éloigner de son enfant. Il existe cependant de nombreuses situations où il est possible de calmer l'énergie de la colère en prenant de la distance physique ou mentale. Une fois le calme revenu, il sera nécessaire d'exprimer à la personne concernée son ressenti.

LA TRISTESSE

La tristesse est l'émotion de la perte, et nous y sommes tous confrontés, à différents moments de nos vies, car la perte fait partie de la vie. La disparition d'un objet ayant une valeur affective, une séparation, un éloignement, un déménagement, un changement, une déception, un décès sont des situations qui occasionnent la disparition de ce à quoi nous tenions ou étions attachés.

> « Sur ce sentiment inconnu, dont l'ennui, la douceur m'obsèdent, j'hésite à apposer le nom, le beau nom grave de tristesse. »
>
> Françoise Sagan, *Bonjour tristesse*

Nous éprouvons de la tristesse lorsque nous nous retrouvons privés de quelque chose ou de quelqu'un qui compte pour nous. L'intensité émotionnelle est à la hauteur de l'attachement que nous avions. La tristesse apparaît lorsqu'un besoin affectif n'est plus assouvi. Il est alors question du lien affectif que nous perdons.

La tristesse indique la fin d'une période, choisie ou non, elle nous sert de transition, c'est l'émotion qui nous permet de faire le deuil d'une situation, d'une période, d'une relation. **La tristesse est le signe que nous tenions à ce qui est sur le point de s'achever.** Sa fin ne nous laisse pas indifférents, c'est donc une preuve de notre sensibilité et de notre humanité.

Le temps du repli

La tristesse invite au repli sur soi nécessaire pour intégrer la perte, s'interroger, pleurer, faire le deuil. Dans notre société de productivité et de contrôle, nous aimerions écarter tout obstacle à notre cheminement, et pourtant, il est important d'écouter son chagrin et de laisser le temps au temps.

La tristesse oblige à réfléchir et à se placer hors de l'agitation quotidienne de nos activités ; elle permet parfois de mieux comprendre l'événement et de donner du sens à ce qui s'est passé, ce qui facilitera le cheminement vers une nouvelle étape de vie. La consolation viendra du temps, des autres et de soi-même. Pleurer, parler, chercher du réconfort, et parfois entreprendre un travail sur soi lorsque la tristesse est trop douloureuse.

Le renoncement nécessaire

Quelle que soit la situation, une séparation, un départ, un changement, celle-ci implique toujours le renoncement. Dans le cas d'une séparation ou d'un départ, il faut faire le deuil de la relation. Et même lorsque cette séparation est voulue et provoquée, il faut aussi faire le deuil de la relation que nous aurions aimé avoir.

Ce n'est pas parce que nous avons décidé d'une séparation ou d'un éloignement que nous ne sommes pas tristes ; c'est une réalité parfois difficile à accepter, notamment dans le cas de relations conflictuelles.

Ainsi, on peut être heureux et soulagé d'une séparation et, en même temps, triste que les choses ne se soient pas passées avec la personne concernée comme on aurait aimé. Nous pleurons une relation qui n'a pas existé.

« C'est une illusion que de penser que toute séparation ou tout changement puisse se faire sans passer par l'étape de la tristesse. »

VÉCU

Pendant longtemps, je n'ai pas compris pourquoi j'ai tant pleuré après le décès de mon père qui avait été pourtant tyrannique et distant durant toute mon enfance. Jusqu'au jour où je me suis rendu compte que, tant qu'il était vivant, j'avais le secret espoir qu'il me montre de l'amour. Je pleurais en fait sur l'idée qu'en perdant mon père, je perdais cet espoir. Je n'aurais donc plus jamais le père que je rêvais d'avoir, c'en était fini. Cette idée clarifiée et acceptée, ma tristesse s'est atténuée, puis a fini par disparaître, et j'accepte aujourd'hui le père que j'ai eu.

Agnès, 56 ans

La perte d'un être cher

Il y a la douleur de la tristesse que l'on peut éprouver à la perte d'un être cher. Le deuil est le processus inconscient de cicatrisation de la douleur liée à la perte. Nous ne pouvons que l'accueillir avec douceur et patience. S'y opposer et tenter de « passer en force » par le contrôle des émotions est inutile et dérisoire.

Un véritable et profond travail de deuil est alors nécessaire. Tout comme une plaie physique nécessite des soins réguliers, nous devons prendre soin de notre plaie psychique, et cela peut demander beaucoup de temps. Ce n'est qu'à cette condition qu'il deviendra, petit à petit, acceptable de vivre de nouveau.

POUR EN SAVOIR PLUS

Les étapes du deuil et du changement

Elisabeth Kübler-Ross est connue pour sa théorisation des différents stades émotionnels, ou « étapes du deuil », par lesquels passe une personne en fin de vie. Ces étapes se retrouvent dans toutes les situations de changement de vie : une séparation, un divorce, l'éloignement d'un être cher, une déception.

- **Étape 1 : choc et déni de la réalité.**
La personne est confrontée à une situation de rupture et de changement, mais elle refuse de la voir et fait comme si rien n'avait changé.
- **Étape 2 : colère et révolte face à la nouvelle situation.**
Lorsque le déni s'estompe et que la personne prend conscience de la réalité, elle va entrer dans une vive colère contre la situation, les autres, soi-même.
- **Étape 3 : marchandage afin de chercher à composer avec la nouvelle situation.**
Durant cette phase, elle tente de négocier, croyant ainsi diminuer les pertes attendues ou supposées. « Et si je fais cela, peut-être qu'on pourra revenir en arrière... ? »
- **Étape 4 : tristesse et repli sur soi.**
Cette phase est caractérisée par une grande tristesse, une détresse morale importante. Les personnes qui traversent ce moment ont parfois l'impression qu'elles n'en sortiront jamais.

- **Étape 5 : acceptation.**
La personne finit par accepter vraiment la nouvelle situation telle qu'elle est, avec les changements que cela engendre.
Elisabeth Kübler-Ross a démontré que ces cinq étapes peuvent survenir dans un ordre différent. Néanmoins, pour qu'un deuil ou un changement soit surmonté, il semblerait qu'il faille passer par tous ces stades.

La tristesse est donc une étape nécessaire au bon déroulement du processus émotionnel traversé lors de tout changement.

Les larmes apaisantes

Autorisons-nous à laisser les larmes couler sur ce que nous perdons, car il est humain de pleurer, et c'est bon pour notre santé.

D'après des études scientifiques, les larmes servent à relâcher le stress grâce à leur effet antalgique, qui aide à éliminer les toxines produites par les troubles et l'émotion. La leucine et la prolactine entraînent un soulagement des tensions et apaisent l'individu qui pleure.

Les scientifiques sont même allés jusqu'à calculer que les pleurs réduisent la tristesse ou la colère de 40 % environ grâce aux antalgiques libérés.

De même, les sanglots (les spasmes incontrôlables des pleurs) permettent de desserrer les multiples tensions accumulées dans l'organisme ; c'est la phase de décharge émotionnelle après laquelle on se sent généralement soulagé et détendu.

Les larmes sont donc réparatrices et on se sent mieux après avoir pleuré. Et même si on préfère souvent pleurer dans son coin, c'est pourtant la réaction émotionnelle qui déclenche le plus facilement l'empathie et la bienveillance. Les larmes permettent de recevoir de l'affection, et cela fait du bien.

À savoir

Les manifestations corporelles de la tristesse

La tristesse provoque le repli psychologique et corporel. Elle se concrétise physiquement par plusieurs signes :

- Visage fermé.
- Coins de la bouche tombants.
- Soulèvement de la houppe du menton.
- Regard vide ou yeux mouillés.
- Ton de la voix atone, sourd, voilé.
- Corps courbé.

La tristesse n'a pas bonne presse

Considérée par certains comme un signe de faiblesse qui, de surcroît, est réservé aux femmes, la tristesse a la vie dure en Occident.

Ressentir de la tristesse, c'est accepter une certaine vulnérabilité. Certaines personnes qui craignent de montrer leur sensibilité préfèrent transformer cette tristesse en colère, car c'est une émotion plus acceptée socialement. On peut cependant, lors d'une séparation ou d'une perte, ressentir de la colère et de la tristesse en même temps.

C'est l'une des émotions que nous cachons ou nions le plus par peur du jugement des autres. Il est cependant légitime d'être triste, car c'est la preuve de notre humanité.

« En acceptant la tristesse, nous faisons preuve d'empathie envers nous-mêmes. C'est en étant connecté à notre tristesse

que nous pouvons mieux comprendre
et accepter celle des autres. »

Des hommes et des larmes

« Tu es un homme mon fils, ne pleure pas ! » Cette phrase est encore bien ancrée dans notre culture occidentale. Cependant, nous pouvons observer que les différences entre les sexes sur les expressions des émotions tendent doucement à s'estomper.

Les hommes s'autoriseraient donc à pleurer davantage ? Pas si simple, car ils sont plutôt dans l'action face à un événement alors que les femmes privilégient l'écoute des émotions. Ainsi, l'homme aurait du mal à se poser et à pleurer, car cela sous-entendrait qu'il ne réagit pas et qu'il n'est donc pas un homme. Et même s'il pleure, il ne se laissera que très rarement aller à un flot démesuré de larmes, « un peu de retenue et de virilité quand même ! » Les hommes ne sont pas des surhommes, mais en tant que femmes, sommes-nous prêtes à l'accepter également ? Sommes-nous prêtes à consoler notre compagnon qui pleurerait à chaudes larmes sur notre épaule parce qu'il a été licencié ?

Et si nous n'avions plus peur des larmes, alors nous pourrions construire une société ou l'intelligence émotionnelle guiderait nos relations vers plus de vérité et d'authenticité, vers plus d'humanité.

VÉCU

Les larmes de mon père

Je n'oublierai jamais le jour où j'ai vu des larmes dans les yeux de mon père. Je devais avoir 10 ans. Ma grand-mère paternelle était hospitalisée et ne pouvait pas marcher. À la maison, personne n'en parlait. Un soir, en revenant de l'hôpital, mon père

a dit à ma mère : « Je vais acheter des béquilles afin qu'elle puisse se déplacer plus facilement quand elle sortira de l'hôpital. » Ma mère lui a alors répondu sèchement : « Mais enfin, tu sais très bien que ta mère ne se relèvera jamais. »
D'un seul coup, j'ai vu le visage de mon père se décomposer, il s'effondra sur une chaise et ses yeux se remplirent de larmes. En voyant que je le regardais, il a essayé de garder une contenance, mais ce fut en vain. Il sortit un mouchoir et se cacha derrière pour pleurer. J'ai cru que la terre s'effondrait sous mes pieds ; mon père que je pensais invulnérable pleurait, car il allait perdre sa mère. Je me suis soudain senti très proche de lui : je compatissais, je comprenais sa douleur, car j'étais si attaché à ma mère.
J'étais également en colère contre elle.
Ce souvenir terriblement émouvant est resté gravé en moi. Je n'ai jamais cherché à cacher mes larmes devant mes filles, parce que je veux qu'elles comprennent ce que je ressens et aussi les aider à assumer leurs émotions.

Robin, 43 ans

Une nouvelle étape de vie

Dans le processus de changement mis en œuvre avec la tristesse, nous pouvons compenser une partie du manque affectif de plusieurs manières : par la présence de personnes auxquelles nous sommes attachés, par des activités ou des projets importants qui ont du sens pour nous et dans lesquels nous nous sentons impliqués ou utiles. Certaines personnes marquent le passage à une nouvelle étape de leur vie par des actes symboliques dont la portée est en lien avec l'intensité du changement : se faire un cadeau, changer de coupe de cheveux, s'offrir un voyage, déménager…

VÉCU

Lorsque notre dernier enfant a fermé la porte d'entrée en nous disant : « Allez, ne soyez pas tristes, je ne pars pas loin », pour aller s'installer dans son studio dans le quartier voisin, nous lui avons répondu : « Mais non, t'inquiète fiston, tout va bien, on est heureux pour toi. » Une fois la porte fermée, nous nous sommes regardés, ma femme et moi, et nous avons fondu en larmes dans les bras l'un de l'autre. Nous sommes restés ainsi un long moment.

Les jours et les semaines qui suivirent furent d'une tristesse infinie. Nous n'osions pas rentrer dans la chambre que notre enfant avait laissée vide, car il avait tout emporté, l'ingrat !

Nous ne pouvions regarder un film à la télévision qui montrait la vie d'une famille sans pleurer ; nous étions à vrai dire en piteux état.

Six mois plus tard, nous avons décidé de transformer son ancienne chambre en atelier de sculpture, une passion dans la vie de ma femme depuis 3 ans.

Au fil du temps, elle a accueilli d'autres sculpteurs amateurs et a fini par monter un groupe de travail régulier. Une nouvelle vie commençait pour elle.

En ce qui me concerne, je me suis inscrit dans un club de théâtre et je me dis qu'il était temps de me remettre en scène dans un nouveau rôle.

Gilbert, 55 ans

EXERCICE

- Quel est le dernier événement qui vous a rendu triste ?

....

- Comment votre tristesse s'est-elle exprimée ?

....

- Qu'avez-vous ressenti ?

....

- Avez-vous eu une phase de repli ?

....

- De quoi aviez-vous besoin à ce moment-là ?

....

- Quels ont été vos soutiens (affectifs ou autres) ?

....

- De quel temps avez-vous eu besoin pour accepter ?

....

- Qu'avez-vous compris et avez-vous donné du sens à cet événement ? Lequel ?

....

....

- Avez-vous marqué symboliquement la sortie de cette étape ? Comment ?

....

....

- Comment pourriez-vous vivre différemment cette phase de tristesse ?

....

....

5. QUAND LES ÉMOTIONS SE CACHENT

Dès la petite enfance, la vie nous amène son lot d'événements qui vont être plus ou moins douloureux, maladie, divorce des parents, problèmes scolaires, rejet d'un groupe, humiliation, parents déficients, maltraitance… Afin de ne pas souffrir, notre psychisme va mettre en place un processus de refoulement des émotions qui nous sont parfois insupportables. C'est alors une question de survie de notre équilibre psychique. Certaines tensions intérieures sont jugées trop lourdes et la personne qui les subit va mettre au loin ses émotions et parfois les souvenirs afin de préserver son intégrité. Refouler permet de se protéger en oubliant.

Cependant, la mémoire des événements traumatiques reste conservée et continuera de nous tourmenter à notre insu.

DES PETITS ET DES GRANDS REFOULEMENTS

Toutes les situations difficiles sont des occasions pour refouler ses émotions, depuis les petites difficultés du quotidien aux grands traumatismes. On appelle « refoulement » le mécanisme psychologique de défense qui permet à une personne d'atténuer ou de supprimer inconsciemment les perturbations psychiques suscitées par des représentations ou des événements intolérables.

On peut comprendre que, lors d'une grande souffrance, un deuil, une maladie, une faillite ou un divorce, une personne peut être amenée à refouler ses émotions pour moins souffrir. Elle garde alors un masque social qui lui permettra de continuer à avancer dans la vie.

Mais le refoulement peut aussi se mettre en place à l'occasion de situations quotidiennes qui semblent parfois anodines. Par exemple, nous gardons le sourire pour ne pas perdre la face après une remarque insidieuse en pleine réunion de travail.

On peut également refouler ses émotions et faire comme si on ne ressentait rien face à une situation pourtant difficile. C'est faire semblant d'être content alors qu'on est déçu, afficher le masque de la joie alors que l'on est triste à l'intérieur ou être dans une suractivité afin d'oublier sa souffrance.

À savoir

Le refoulement est l'un des concepts majeurs de la psychanalyse développés par Sigmund Freud : « En effet, la psychanalyse apparaît essentiellement comme une sorte de confession provoquée et dirigée au cours de laquelle le malade s'abandonne au médecin, révélant ainsi les souvenirs, les idées, les désirs refoulés (parce que pénibles

ou répréhensibles) qui sont la cause inconsciente du déséquilibre dont il souffre.
Il s'agit de "défouler" ce qui a été "refoulé" (et souvent depuis l'enfance) pour en faire cesser les ravages. Car l'idée essentielle de Freud est qu'il est nocif de réprimer un souvenir ou une pulsion sans en avoir conscience et que la prise de conscience est libératrice. »
Gaëtan Picon, *Panorama des idées contemporaines*

Le refoulement est un mécanisme de défense naturel que tout le monde pratique plus ou moins inconsciemment. Il est plutôt sain de ne pas avoir envie de souffrir et de mettre de côté des émotions ou des souvenirs anxiogènes.

Mais lorsque le refoulement constitue ou devient une stratégie centrale de défense psychique, l'équilibre d'une personne va s'en retrouver, à un moment donné, profondément perturbé, et il sera alors nécessaire de se faire aider par un professionnel qui permettra l'expression de la souffrance refoulée dans un cadre bienveillant et aidant.

VÉCU

Ma mère nous a abandonnées, ma sœur et moi, alors que nous étions en bas âge. Nous avons été élevées par notre grand-mère paternelle qui, pour couper court à nos questions, nous disait que notre mère ne voulait pas de nous. Le sujet était tabou ; je connaissais cependant le nom de famille de ma mère et son prénom. J'ai grandi en étant entourée affectivement. Je me suis mariée et j'ai eu plusieurs enfants qui m'ont comblée. Je me suis épanouie dans mon travail.

Il y a 3 ans, mes enfants ont tapé le nom de jeune fille de ma mère sur Internet et ils ont trouvé un homme portant le même nom dans le sud de la France. Troublée, j'ai décidé d'écrire à cette personne en lui précisant le prénom de ma mère. Quelle ne fut pas notre surprise en découvrant que nous avions la même mère ! Elle avait donc refait sa vie et avait eu deux garçons, mais elle ne leur avait jamais parlé de notre existence.

Nous avons décidé de nous rencontrer, et ce fut un moment très émouvant, plein d'émotions. Nos demi-frères nous proposèrent de revoir notre mère. Ma sœur ne le souhaitait pas, car elle était trop remuée, mais j'ai accepté, car j'avais besoin de comprendre. Ce fut un moment étrange, où je n'ai ressenti aucune émotion ; je vivais la scène en gardant de la distance. Ses explications pour se déculpabiliser ne faisaient que renforcer mon impression. Je la trouvais fausse et froide. Je lui ai dit ce que je pensais, puis je lui ai serré la main en partant, en étant sûre que je ne la reverrai pas.

Sylvie, 49 ans

Pour faire plaisir à nos parents

En famille, les parents peuvent avoir des mots et des attitudes qui vont faire que l'enfant va réprimer ses émotions. Ces « repoussoirs d'émotions » peuvent prendre différentes formes :

- **La culpabilisation :** « Tu vas finir par me rendre malade à ne jamais m'écouter ! », « Tu n'es vraiment pas gentil avec moi ».
- **La honte :** « Tu devrais avoir honte de te comporter de cette manière, ce n'est pas bien », « Et tu es fier d'avoir fait pleurer la pauvre petite fille ? ».

- **Le déni :** « Arrête de faire la comédie pour si peu. »
- **La peur :** « Arrête de pleurer pour rien ou alors je vais te donner une bonne raison de pleurer. »
- **Le chantage :** « Si tu arrêtes de pleurer, je t'achète une glace. »
- **L'interprétation :** « Il est colérique, c'est parce qu'il manque de sommeil », « Tu nous fais encore un caprice ! ».

VÉCU

Lorsque mon père s'est remarié avec sa nouvelle femme, je n'étais pas vraiment contente d'aller passer un week-end sur deux chez eux, car je ne la trouvais pas sympa. Elle trouvait toujours à redire sur ce que je faisais ou disais, elle ne me trouvait pas très bien élevée.

Je ne l'aimais pas et je me sentais triste. Comme en plus je voyais ma mère malheureuse et souffrir, j'étais en colère et je lui en voulais d'avoir « volé » mon père à ma mère.

Assez rapidement, mon père m'a dit : « Elle fait tout ce qu'elle peut pour être gentille avec toi, et tout ce qu'elle te dit, c'est pour ton bien. Tu devrais être contente au lieu de faire la tête, alors fais des efforts ! »

J'avais peur que mon père m'en veuille alors je me forçais à être gentille avec elle et je faisais semblant d'être contente. Au fond de moi, la tristesse, la peur et la colère s'entrechoquaient, mais je souriais...

Je me rends compte aujourd'hui que j'ai gardé cette habitude de toujours montrer un visage souriant et, pourtant, je sens bien que je ne suis pas connectée avec ce que je ressens au fond de moi.

Suzel, 36 ans

EXERCICE

- **Vous, enfant :**

Dans votre enfance, quels étaient les « repoussoirs » utilisés dans votre famille ?

....

....

Vous souvenez-vous de ce que cela faisait naître en vous ?

....

....

Qu'auriez-vous eu besoin d'entendre ou d'avoir de la part de vos parents ?

....

....

- **Vous, parent :**

Avec vos enfants, quels sont les « repoussoirs » que vous utilisez ?

....

....

Quelles sont les émotions que vous n'aimez pas que vos enfants expriment ?

....

....

Quelles émotions provoquent-elles en vous ?

....

....

Prenez un temps pour accueillir toutes ces émotions.

EXERCICE

Pour prendre soin de notre enfant intérieur

- Choisissez une photo de vous enfant.
- Prenez un moment où vous serez seul et au calme.
- Asseyez-vous et posez cette photo devant vous.

- Laissez de côté toute autocritique.
- Entamez un dialogue entre l'adulte que vous êtes et l'enfant que vous étiez.
- L'adulte va parler à l'enfant que vous étiez.
- Dites-lui les mots que vous auriez aimé entendre.
- Consolez-le s'il est triste, rassurez-le s'il a peur, dites-lui que vous le comprenez s'il est en colère...
- Et vous pouvez même imaginer le prendre dans vos bras pour lui donner tout l'amour et toute l'empathie que vous auriez aimé avoir.
- Prenez ce temps précieux pour vous.

Vous pouvez ensuite garder cette photo près de vous, dans votre chambre par exemple, la regarder régulièrement ou refaire l'exercice tant que vous sentez que votre enfant intérieur a besoin d'empathie.

Comment émergent les émotions refoulées ?

Nous allons voir à présent différentes stratégies qu'adoptent nos émotions refoulées pour se frayer un passage dans notre conscience.

Certains de ces mécanismes ont été développés par un psychiatre américain, Eric Berne, dans les années 1960, à travers « l'analyse transactionnelle ». Cette technique vise à mieux comprendre et résoudre les problèmes relationnels qui se jouent entre deux individus.

Ces mécanismes sont au nombre de trois :
- L'exagération : **« l'élastique »**.
- La substitution : **« le racket émotionnel »**.
- L'accumulation : **« la collection de timbres »**.

L'élastique

Certains événements que nous vivons nous ramènent aux traumatismes de notre passé, tel un élastique. L'émotion concernée est restée active et a conservé toute sa charge émotionnelle. C'est donc au détour d'une situation qu'elle va resurgir comme un boomerang.

VÉCU

J'étais en entretien avec mon responsable lorsqu'il me parla de mon éventuel changement de poste qui serait plus en adéquation avec mon « fonctionnement ». J'ai senti alors monter en moi une anxiété importante avec une difficulté à respirer. Le soir, en en parlant avec ma femme, elle m'a dit que je n'avais pas de raison de m'inquiéter, car mon responsable était juste et fiable. En m'endormant, j'ai pris conscience que cela me renvoyait à une humiliation que j'avais vécue enfant. J'avais 8 ans et j'étais assez turbulent. Un jour, un enseignant décida de déplacer ma table de classe dans un coin de la salle éloigné de tous et il me dit que, vu mon fonctionnement, il valait mieux que je sois isolé au fond. J'en ai gardé longtemps un profond sentiment d'humiliation, puis j'oubliais cet événement. Et voilà qu'au détour de cet entretien avec mon chef, je me suis senti projeté dans le passé.

Jérôme, 33 ans

Inadéquation entre la posture ouverte et les pieds entortillés trahissant la peur.

L'émotion est donc restée en veille et il a suffi d'un déclencheur pour la faire revivre. Nous n'en sommes pas conscients la plupart du temps. Ce phénomène est appelé « élastique », car il nous propulse dans la situation initiale. À l'époque de l'événement, nous n'étions pas en mesure de réagir, car nous étions trop jeunes, nous avions trop de pression ou d'interdits.

L'émotion est restée bloquée, tapie dans un coin de notre psychisme, prête à resurgir dès que l'occasion se présenterait.

Parfois, cette émotion peut surgir de manière totalement inattendue et dans une situation qui peut paraître en apparence anodine. On observe alors une disproportion entre la situation présente et l'intensité de l'émotion manifestée, l'expression exprimée n'étant pas en adéquation avec la situation présente.

L'enfant qui vit un événement douloureux n'a pas toujours la possibilité d'exprimer l'émotion qu'il a ressentie ; c'est ainsi qu'elle va rester bloquée. Identifier l'émotion initiale ne suffit cependant pas à décrocher l'élastique. Un travail personnel de prise de recul par rapport à l'événement est parfois nécessaire afin de limiter l'expression émotionnelle qui n'est pas adaptée à la situation présente.

EXERCICE

Prenez le temps de faire cet exercice qui pourra s'étaler sur plusieurs jours, l'émotion initiale étant plus ou moins enfouie.

- Rappelez-vous d'une situation où votre réaction émotionnelle a été excessive. Quelle était cette situation ?

....

....

....

....

- Comment avez-vous réagi ?

....

....

- Qu'avez-vous ressenti ?

....

....

- Cette situation ressemble-t-elle à une situation vécue dans le passé ? Que vous revient-il à l'esprit ? (La situation prendra peut-être un peu de temps à vous revenir en mémoire.)

....

....

- En vous replongeant dans la situation passée, rappelez-vous vos émotions. Qu'avez-vous ressenti à l'époque ?

....

....

- Quelles sont les similitudes qui existent entre les deux situations ?

....

....

- Que comprenez-vous aujourd'hui de cette situation initiale ?

....

....

- Que pourriez-vous dire à l'enfant de l'époque ?

(Vous pouvez utiliser la photo de l'exercice précédent.)

....

....

Lorsque la situation qui émerge est trop douloureuse, il peut être utile de se faire aider.

Le racket émotionnel

Nous avons vu que, pour obtenir la reconnaissance de ses parents, l'enfant peut réprimer certaines émotions. Mais il peut également en substituer certaines qui ne sont pas acceptées dans la famille par d'autres. Par exemple, pleurer au lieu d'exprimer sa colère ou rire au lieu d'exprimer son angoisse.

Les expressions émotionnelles familiales peuvent s'apparenter au Jeu des 7 familles : la famille de la tristesse, la famille du sourire, la famille de la peur, la famille de la colère… en fonction des habitudes émotionnelles propres à chaque famille.

« L'émotion utilisée vient racketter ou parasiter l'émotion de base ; elle empêche la juste émotion de s'exprimer. »

À l'âge adulte, ce fonctionnement persistera et la personne utilisera des « émotions parasites » qui fausseront la relation.

C'est en prenant conscience du mécanisme de racket que nous pourrons faire émerger l'émotion refoulée et rétablir la congruence de nos émotions.

On appelle « congruence émotionnelle » l'ajustement entre l'émotion et la situation. C'est lorsque l'émotion exprimée est en adéquation avec la situation vécue.

VÉCU

Je discutais avec une amie qui me racontait, avec un humour à la Bridget Jones, les difficultés qu'elle avait à rencontrer un homme alors qu'elle sentait qu'elle avançait en âge et que son envie d'avoir un enfant devenait de plus en plus pressante. Elle gardait cependant le sourire tout le long de la discussion, ce qui me mettait mal à l'aise sans que je sache vraiment pourquoi. Je lui ai alors dit que je la comprenais et que je serais triste à sa place. Elle m'a regardée, s'est arrêtée de parler et a fondu

en larmes, ce qui me désappointa, car cela n'était pas mon intention de la faire pleurer.
Elle ne parvenait plus à arrêter un véritable flot de larmes, puis lorsqu'elle se calma, elle me dit que cela lui avait fait du bien, car elle retenait ces larmes depuis bien longtemps. Nous pûmes alors parler de sa tristesse, puis de ce qui la bloquait dans sa relation aux hommes.

Gwenaëlle, 36 ans

EXERCICE

- Quelle est l'émotion que vous exprimez le plus facilement ?

....

....

- Quelle est l'émotion que vous avez le plus de mal à exprimer ?

....

....

- Dernièrement avez-vous vécu une situation où vous avez substitué une émotion à une autre ? Quelle situation ?

....

....

- Quelle émotion avez-vous exprimée ?

....

....

- Quelle émotion aurait-il été plus juste d'exprimer ?

....

....

La collection de timbres ou la goutte qui fait déborder le vase

Voilà bien une expression que nous avons tous utilisée à un moment donné. Nous avons accumulé et retenu à plusieurs reprises une émotion et constitué ainsi une collection de timbres émotionnels. Tout comme une véritable collection de timbres enrichie au fil du temps. Ces collections peuvent être de différentes couleurs émotionnelles : colère, frustration, vexation, regret, jalousie, agacement.

> « Et, lorsque l'album de timbres est plein, nous explosons, car la tension est trop élevée. Le débordement finit par arriver, parfois au détriment de notre interlocuteur qui n'y est pour rien. »

Il est en fait de notre responsabilité d'exprimer nos émotions au fur et à mesure de leur apparition afin d'éviter d'exploser un jour de manière inappropriée, que ce soit en termes d'intensité ou de situation, ce qui est préjudiciable pour nos relations.

VÉCU

Depuis trois ans, j'en voulais à l'une de mes amies, car je trouvais qu'elle était malveillante envers moi. Je n'ai jamais rien voulu dire, car j'avais peur que cela n'affecte notre relation. L'été dernier s'est passé un événement qui a fait déborder le vase et dont je l'estimais responsable. J'en ai beaucoup parlé à mon entourage, cela me soulageait, mais je ne lui ai jamais rien dit. Aujourd'hui, je ne la vois plus.

Marika, 27 ans

Nous pouvons faire une ou plusieurs collections, et parfois, nous aimons les partager avec d'autres personnes : « Regarde tout ce qu'elle m'a fait ! » Parler « à quelqu'un » plutôt que de parler « de quelqu'un » permet de liquider sa collection de timbres émotionnels.

Certaines personnes, probablement pleines de bonnes intentions à notre égard, peuvent encourager la collection. Elles nous disent alors : « Tu ne peux tout de même pas le laisser te parler comme ça ! »

On peut également retrouver un album oublié et reprendre la collection ou bien abandonner ou renoncer à une collection.

On peut transmettre une collection familiale à nos enfants ; c'est ce qui se joue dans les sagas familiales.

Mais les collections se constituent aussi tout simplement au quotidien, à force de petites situations non satisfaisantes que nous avons laissées passer.

VÉCU

Depuis un mois, je suis assez agacée par mon mari qui ne m'aide plus du tout à la maison, mais j'essaie de prendre sur moi, car il a pas mal de soucis au travail en ce moment, donc je ne dis rien. Mes ados sont, quant à eux, persuadés que je suis leur aide-ménagère. Alors, hier soir, lorsque mon mari est rentré en jetant sa sacoche dans le salon et ses chaussures un peu plus loin, et qu'il s'est affalé dans le fauteuil en me demandant si je pouvais lui apporter un verre d'eau, car il était sur le point de craquer au boulot, eh bien, c'est moi qui aie craqué et qui lui ai hurlé dessus : « Je ne suis pas ta bonne ! » Il avait l'air surpris : « Mais ma chérie, qu'est-ce qu'il t'arrive ? » Et moi de hurler encore plus fort : « Et je ne suis la bonne de personne ! » Bon, j'avoue que c'était excessif, mais c'était plus fort que moi, je ne me maîtrisais plus, trop de choses accumulées.

Corinne, 55 ans

À force de refouler, nier, éviter, transformer et fuir nos émotions, nous nous éloignons de ce que nous sommes profondément, nous ne nous respectons pas dans ce que nous avons de plus vivant. Mais c'est sans compter sur la force et l'intelligence de nos émotions qui trouveront le chemin pour accéder à notre conscience, parfois au moment où nous nous y attendons le moins. Sachons alors les accueillir.

6. LES ÉMOTIONS SOCIALES

« Je ne devrais pas », « Je n'aurais pas dû », « Je n'ai pas le droit » : que d'injonctions culpabilisantes qui tournent dans nos têtes en continu ! La culpabilité est bonne lorsqu'elle est justifiée et permet de réparer. Mais lorsqu'elle est démesurée ou inadaptée, elle devient destructrice. Sachons la comprendre pour ne pas nous laisser envahir.

« Tu n'as pas honte ! » Et voilà un enfant tapi dans sa chambre et à l'intérieur de lui. Le poids de la honte est très lourd à porter, il altère l'estime de soi et touche à notre identité et à notre valeur au regard des autres. Levons le voile de la honte pour mieux exister.

La jalousie est-elle un vilain défaut ? Il est tout à fait humain de désirer ce qu'on ne peut obtenir, d'autant plus si d'autres personnes en font l'usage. La jalousie nous renvoie l'image de ce qui nous manque et voulons acquérir. Mais sommes-nous vraiment au clair avec nos besoins profonds ?

LA CULPABILITÉ

La culpabilité résulte de la transgression, réelle ou imaginaire, d'une règle morale (faire souffrir, mentir, profiter, tromper, voler...). Elle concerne notre rapport à la loi. C'est une émotion impliquant autrui. Elle suscite une action visant à réparer le tort que l'on pense avoir commis ou que l'on a commis.

La culpabilité est une émotion sournoise qui est capable de nous gâcher la vie. Cependant, c'est une émotion très utile à la société, car elle permet de limiter les comportements transgressifs. Mais lorsqu'une personne se sent coupable, car elle pense avoir fait quelque chose de répréhensible, alors qu'il n'en est rien, la culpabilité devient inadaptée et parfois douloureuse.

VÉCU

Depuis que j'ai rencontré mon amoureux, je culpabilise, car je ne consacre plus tout mon temps à mes deux enfants. Je me sens une mauvaise mère, même si je sais que c'est important aussi que je m'occupe de moi.

Claire, 45 ans

Mais de quoi sommes-nous coupables ?

De ne pas être juste, d'avoir en fantasme ou d'avoir réellement transgressé une norme ou un désir défendu, de prendre soin de soi, d'avoir eu un comportement répréhensible face à telle personne ou dans telle situation.

Nous avons alors le sentiment plus ou moins diffus de commettre une faute.

La culpabilité comporte différents niveaux d'intensité, depuis la petite culpabilité, qui nous empêche de profiter d'un petit plaisir que nous nous accordons, jusqu'à la culpabilité plus profonde liée à un acte grave et répréhensible.

Une émotion mixte

Une « émotion mixte » est un amalgame de différentes émotions et de subterfuges utilisés inconsciemment pour ne pas voir ce que nous ressentons vraiment. Les émotions mixtes nous éloignent donc de notre ressenti profond et il est important d'être clairvoyant sur ce que nous ressentons pour nous libérer de leurs effets négatifs.

La culpabilité est une combinaison de plusieurs émotions différentes. On retrouve généralement de la peur, de la colère et de la peine. Elle est l'une des émotions mixtes les plus puissantes.

> « D'autres émotions mixtes sont l'amertume, la honte, la jalousie, le mépris, la pitié et la rancune. »

De la nécessité de la culpabilité

Lorsque la culpabilité nous permet de réparer un comportement blessant, elle est nécessaire et saine. La culpabilité va de pair avec l'empathie, elle nous pousse à être attentifs aux réactions de notre entourage, car c'est alors que nous pourrons déchiffrer les effets de notre comportement. La culpabilité nous permet de vivre avec les autres et en société, elle pose les limites à nos comportements afin d'éviter de blesser. Elle représente un facteur important dans la restauration des relations avec autrui après un tort. Et c'est par l'empathie que nous éprouvons que nous pourrons réparer. Elle est donc un signe de bonne santé relationnelle et sociale.

VÉCU

L'autre jour, je me suis emportée contre ma mère au téléphone en lui disant des mots qui ont dépassé ma pensée. Après avoir raccroché et une fois ma colère retombée, je me suis sentie coupable, car j'ai bien vu que je l'avais blessée. Deux jours après, je l'ai rappelée pour m'excuser et nous avons pu parler tranquillement de ce qui m'avait énervée.

Louise, 27 ans

Une saine culpabilité nous permet d'être responsable de nos mots et actions, et à en assumer les conséquences. Cependant, il faut du courage pour ressentir la faute commise et ne pas craindre d'aller au-devant des critiques.

Apprivoiser la culpabilité

Nier ou rejeter sa culpabilité est un réflexe courant ; c'est pourtant le meilleur moyen pour déclencher des conflits internes ou externes. Accepter sa culpabilité et la reconnaître permet d'en faire un sentiment constructif pour la relation qui en sera renforcée. C'est ce qui va nous permettre de mieux connaître l'autre dans ce qui le touche.

Dire « non » et culpabiliser

La culpabilité peut apparaître également quand nous disons « non » et que nous nous affirmons. C'est le cas pour les personnes qui ont du mal à dire « non », et le jour où elles osent le faire, la culpabilité peut les ronger : « Quand même, j'aurais pu dire "oui" », « Je ne suis pas sympa », « Je suis égoïste »... Et toutes les petites voix moralisatrices et critiques vont faire le lit de la culpabilité. Il s'agit alors d'assumer ses choix, ses besoins, ses désirs et ses limites. Il est question de respect de soi.

« Il n'est pas toujours facile de dire "non" sans culpabiliser, et pourtant, c'est le chemin de la responsabilisation. »

VÉCU

L'été dernier, j'étais très fatiguée et j'avais vraiment besoin de me reposer pendant ma seule semaine de vacances. Mon frère m'a demandé si je pouvais m'occuper de ses enfants quelques jours pendant mes vacances, car il avait un déplacement important pour son travail. J'ai eu bien du mal à lui dire « non » et je dois dire que ma semaine de vacances a été un peu gâchée, car je me disais que j'aurais pu le dépanner.

Nathalie, 47 ans

Itinéraire d'un enfant coupable

Le niveau de culpabilité d'un adulte se détermine souvent pendant son enfance. Nous portons le poids de la culpabilité qu'on a mis sur nos épaules d'enfants. Si notre éducation s'est construite sur la culpabilité, nous nous sentirons coupables, de façon naturelle, de beaucoup de choses.

Si, de plus, nous avons baigné dans une éducation judéo-chrétienne, dont 2 000 ans de mea culpa né du péché originel ont laissé des traces indélébiles dans l'inconscient collectif, alors nous devenons champions dans la catégorie « C'est ma faute, ma très grande faute ».

VÉCU

Lorsque j'étais petite, ma mère ne cessait de me dire, dès que je n'avais pas fait les choses comme elle le souhaitait ou que je ne l'écoutais pas : « Ce n'est pas bien, tu n'es pas gentille, tu devrais avoir honte, avec tout ce que je fais pour toi, tu es méchante avec maman. » Certes, pas tout dans la même phrase, mais distillé à longueur de journée. Et puis il y avait la phrase qui me terrorisait : « Si tu n'es pas gentille, le Petit Jésus va te punir ! » Alors je demandais sans cesse pardon au Petit Jésus pour la moindre chose.
Évidemment, j'ai grandi dans la culpabilité ; elle était ma meilleure ennemie avec sa grande copine la peur. Il m'a fallu du temps et une longue thérapie pour me débarrasser de tous ces mots culpabilisants et traumatisants, et m'accepter comme je suis, ni mauvaise ni gentille, juste moi.

Annie, 57 ans

Certains parents attendent de leurs enfants qu'ils soient parfaits, aucune maladresse n'est acceptée, pas même faire tomber un verre. Les remarques dévalorisantes et culpabilisantes vont détériorer l'image de soi, et l'enfant pensera qu'il est méchant et mauvais.

De même, lorsqu'un enfant manque d'amour, il est convaincu que c'est de sa faute, car il n'est pas assez aimable, et il culpabilise. Il est trop difficile pour lui de remettre en question ses parents, car ils sont ses seuls repères affectifs, alors il va culpabiliser en se disant que tout est de sa faute. Cette conviction d'être mauvais peut être également véhiculée par les personnes influentes autour de l'enfant : frères et sœurs, éducateurs, grands-parents, professeurs…

L'enfant peut également se sentir coupable de drames familiaux : maladie, divorce, conflits, mort. Il pense que ce qui arrive est de sa faute, et ce sentiment peut être attisé par son impuissance à agir sur le drame.

Cette culpabilité provient du sentiment de toute-puissance propre à l'enfance et auquel il n'aurait pas renoncé. Pour beaucoup, mieux vaut se sentir coupable qu'impuissant. Ainsi, notre sentiment de culpabilité cacherait d'abord notre volonté de contrôle sur les autres, le monde, les événements. En me sentant coupable, je pense que je suis responsable de tout ce qui arrive.

« Accepter que l'on ne peut pas tout contrôler va nous permettre de nous libérer d'une culpabilité récurrente et malséante, et lâcher prise. »

Ainsi, le sentiment de culpabilité qui naît lorsqu'un proche a un problème ou lorsqu'une situation personnelle ou professionnelle se dégrade peut avoir comme racine une ancienne culpabilité.

Il convient de faire le tri entre ce qui appartient au passé et au présent, ce qu'on peut réparer dans la situation présente et là où il faut lâcher prise.

EXERCICE

Réfléchissez aux différentes situations où, enfant, vous vous êtes senti coupable et à celles dont on vous a fait injustement porter la responsabilité.

Par exemple : je ne suis pas coupable de la séparation de mes parents, de ne pas avoir été aimé par mon père, de la dépression de ma mère, des problèmes de santé de mon père...

À vous. Je ne suis pas coupable de :

....

....

....

Autonomie et culpabilité d'abandonner ses parents

L'itinéraire d'un enfant qui se sent coupable peut se poursuivre au moment de quitter la maison. En effet, le jeune adulte peut culpabiliser de laisser ses parents. Cette culpabilité est liée au fait de devenir indépendant et de se séparer d'eux, physiquement et émotionnellement.

Il est difficile pour certains parents de voir leur enfant quitter le foyer et ils peuvent lui faire ressentir plus ou moins consciemment le fait qu'il les abandonne. Mais l'enfant peut aussi avoir ce sentiment lorsqu'il sent un parent fragile et seul.

Voler de ses propres ailes

Si, de plus, le jeune adulte a choisi une voie professionnelle non validée par ses parents, il peut se sentir coupable de décevoir leurs espoirs. L'enfant ne correspond pas à l'enfant rêvé par les parents, qui sont alors déçus.

Remettre ses parents en question

L'adolescent puis le jeune adulte peut, à un moment donné, critiquer ses parents ; cela fait partie du processus de séparation, mais certains parents refusent toute critique ou en sont bouleversés. Alors certains enfants, même devenus adultes, n'oseront pas admettre que leurs parents ne sont pas parfaits.

Remettre en question les parents est pour eux trop culpabilisant, et pourtant, s'autoriser à exprimer son ressenti est le premier pas qui permettra d'accéder à l'acceptation des parents que nous avons eus, avec leurs qualités et leurs défauts. C'est le chemin vers l'âge adulte.

Réussir mieux que les parents

Et puis, un jour, l'enfant va peut-être réussir professionnellement au-delà de ce que ses parents ont pu faire, et cela est parfois très culpabilisant.

L'enfant se sent coupable de « dépasser » ses parents, car il pense inconsciemment que les parents risquent d'être humiliés. La façon dont les parents ont élevé leur enfant sur le sujet de la réussite est déterminante.

L'enfant, pour rester loyal vis-à-vis de ses parents, peut mettre en place « inconsciemment » un processus de « sabotage » qui l'empêchera de réussir mieux qu'eux. Mais parfois, les injonctions parentales sont malheureusement explicites.

VÉCU

J'ai longtemps été aide-ménagère à domicile. Un jour, la personne qui m'employait m'a proposé un poste de vendeuse avec des responsabilités dans sa boutique de vêtements. J'étais très heureuse, car elle me faisait confiance. Le travail était intéressant et la boutique était vraiment très belle ; j'allais pouvoir changer de vie.

J'avais malgré tout quelques doutes sur mes capacités à y arriver et j'en ai parlé à ma mère, qui m'a dit froidement : « Mais tu n'y arriveras jamais, pourquoi ne restes-tu pas aide-ménagère comme je l'ai été toute ma vie, ce n'est pas assez bien pour toi ? »

Je fus blessée, mais j'ai pris conscience combien elle n'acceptait pas que je fasse différemment d'elle. Malgré son désaccord, j'ai accepté ce poste et je me suis autorisée à faire mieux que ma mère.

Suzanne, 42 ans

« Dépasser sa culpabilité et s'autoriser à réussir est un chemin difficile, mais il permet d'avancer vers l'autonomie et la réalisation de soi. »

Les femmes et la culpabilité

Une étude espagnole, rapportée dans le *New York Daily*, démontre que les femmes, par nature, culpabilisent davantage que les hommes. L'étude met en avant diverses situations données prouvant ce fait. Par exemple, lors d'un oubli d'une date importante ou d'un anniversaire, sur les 360 hommes et femmes (de trois groupes d'âges différents) interrogés par les chercheurs, les hommes se sentent moins coupables que les femmes.

Autant chez les adolescents que dans le groupe des 25-33 ans, les femmes ont montré un niveau de culpabilité beaucoup plus élevé que les hommes. En revanche, dans le groupe le plus âgé, le sentiment de culpabilité était identique pour les deux sexes.

Selon les neuroscientifiques, les hommes et les femmes n'utilisent pas les mêmes réseaux neuronaux pour traiter l'information. Le cerveau des femmes est câblé vers l'empathie alors que celui des hommes l'est sur la construction et la compréhension.

De plus, les femmes s'estiment davantage empathiques et l'assument, ce qui a pour effet d'augmenter cette capacité, voire de déclencher les réponses neuronales.

VÉCU

À 35 ans, j'ai l'impression de ne jamais en faire assez, de toujours me demander ce que vont en penser les autres. J'ai peur de dire « non », j'ai besoin de faire plaisir à tout le monde. Je me sens assez vite coupable de tout et n'importe quoi. Finalement, j'ai l'impression de ne pas vivre comme je le souhaiterais vraiment et je suis épuisée. J'ai rarement vu mon conjoint culpabiliser. Il fait ce qu'il a à faire, et cela s'arrête là, tout simplement. J'aimerais réagir comme lui.

Marina, 35 ans

EXERCICE

- Vous sentez-vous souvent coupable ?

....

....

- Quelle est la dernière situation où vous vous êtes senti coupable ?

....

....

- Qu'avez-vous ressenti ? Que vous êtes-vous dit ?

....

....

- Cette culpabilité était-elle justifiée ?

....

....

- Si la culpabilité était justifiée, qu'avez-vous fait ou qu'auriez-vous pu faire pour réparer ?

....

....

- Si la culpabilité n'était pas justifiée ou exagérée, analysez clairement et objectivement la situation. Étiez-vous réellement non responsable ?

....

....

- Si cette situation était arrivée à un(e) ami(e), que lui auriez-vous dit ?

....

....

- Comment auriez-vous pu gérer la situation autrement ?

....

....

LA HONTE

La honte est une émotion mixte. La personne honteuse ressent d'abord de la peur, car elle se sent en état d'insécurité, puis de la colère, mais qui va être bloquée soit parce qu'il y a un rapport de force à son désavantage, soit par crainte du rejet. La colère, dont la fonction est de restaurer l'estime de soi, va donc être bloquée.

« Lorsque l'expérience malheureuse de la honte dure dans le temps, on développe de fausses croyances sur soi-même et on se dévalorise. »

Le sentiment d'estime de soi est alors profondément touché.

VÉCU

J'étais un petit garçon plutôt timide, la séance de piscine à l'école était un véritable calvaire, j'avais peur de l'eau et je ne pouvais m'empêcher de pleurer dans les vestiaires avant d'entrer dans le bassin. Les railleries des autres garçons ne faisaient que décupler cette peur. Je me souviens de remarques humiliantes : « Alors la petite fille a peur de se mouiller ! » Et je sentais bien que tous attendaient le moment fatidique où j'allais entrer dans l'eau. Et le jour où le professeur de sport a dit devant tout le monde : « Mais enfin, un grand garçon comme toi qui a peur, tu n'as pas honte », je me suis littéralement décomposé de honte et j'aurais voulu disparaître. J'en ressens encore aujourd'hui l'humiliation.

François, 44 ans

L'humiliation de la honte

La honte est toujours vécue par rapport au jugement des autres, mais également par rapport au jugement que l'on se porte à soi-même ; nous n'assumons pas ce qui nous fait honte. En fonction de l'importance des personnes qui sont face à nous, l'humiliation va être plus ou moins cuisante.

Les piliers de la honte

La honte touche trois piliers de notre construction psychique :

- **L'estime de soi** nécessaire à notre équilibre.
- **L'affection de nos proches** qui nous est indispensable.
- **L'assurance de faire partie d'un groupe** qui est un besoin fondamental.

En déstabilisant ces repères psychiques, la honte est une émotion qui nous touche au plus profond de nous-mêmes.

Honte et culpabilité

La honte est différente de la culpabilité, cette dernière sous-entend que l'on a fait quelque chose de répréhensible, ce qui n'est pas forcément le cas pour la honte. Nous avons vu que la fonction positive de la culpabilité est la sociabilisation, alors que la honte induit le contraire, à savoir l'exclusion.

Enfin, la honte est plus sensorielle et corporelle ; elle ne produit pas autant de discours interne que la culpabilité, dans laquelle on se reproche toutes sortes de fautes.

Honte et estime de soi

La honte fragilise l'estime de soi dans la mesure où elle est liée au sentiment de ne pas être digne de faire partie d'un groupe ; elle touche à notre identité et à notre valeur au regard des autres. Lorsque la honte est ancrée chez une personne, celle-ci va se dévaloriser de toutes les façons possibles, confirmant ainsi sa croyance d'être indigne. Elle peut devenir son propre bourreau.

Lorsqu'une partie vulnérable de soi est dangereusement exposée à autrui, l'estime de soi est atteinte, provoquant ainsi l'envie de disparaître du regard des autres.

Stratégies antihonte

Pour ne pas ressentir ce terrible sentiment, la personne peut éviter la situation qui a provoqué le premier ressenti de honte, mais elle peut aussi nier cette émotion et faire comme si cela ne l'atteignait pas, affichant alors un sentiment de supériorité : « Même pas mal ! » C'est une illusion, car la honte, bien présente, ne manquera pas de remonter de manière insidieuse.

La honte peut être enfin le moteur d'une ambition démesurée, dont le but inavoué est de « racheter la honte ». Dans certains cas, une personne peut également « projeter » sa honte sur l'autre, lui faisant subir ce qu'elle a elle-même subi.

VÉCU

Mon père venait d'une famille très pauvre. Un jour, alors qu'il était dans son village avec mon grand-père, un créancier interpella ce dernier et le somma, en l'insultant, de lui rembourser ses dettes rapidement. Mon père ressentit une profonde honte, doublée de la douleur vive de voir son propre père humilié. À partir de ce jour, un esprit de revanche l'anima, et alors qu'il était illettré, il fit preuve d'une grande ambition empreinte d'orgueil afin de sortir de la situation sociale dans laquelle il était. Il est parvenu à se hisser dans la société, et cela était devenu son seul but, mais ce fut au détriment de son entourage. Je l'entendais souvent tenir des propos méprisants sur les autres et, quant à moi, je n'ai jamais connu la moindre marque d'affection de sa part.

Alain, 61 ans

La honte positive

Tout comme la culpabilité, la honte a une fonction positive, car elle sert à réguler les comportements inadaptés et à favoriser la vie sociale. Toutefois, cela doit se faire sans altérer l'identité de la personne. Bien dosée, la honte apprend l'humilité et le respect des autres et de soi.

Les différentes hontes

La honte peut se retrouver dans toutes les dimensions de la vie :

- **corporelle :** honte d'être trop gros, trop grand ou trop petit, d'une partie de son corps, de sa couleur de peau, d'être mal habillé, d'être sale, d'être regardé…
- **affective :** honte de sa famille, d'un parent, d'un frère, d'une sœur, d'un ami, d'être le fils ou la fille d'untel, d'avoir honte de ceux qu'on aime…
- **intellectuelle :** honte de ne pas avoir fait d'études, d'être incompétent, de ne pas comprendre, de faire un travail manuel, d'avoir trop de diplômes et de ne pas avoir de travail…

- **sociale :** honte d'appartenir à un groupe social, économique, religieux, professionnel, d'être chômeur, d'être parmi les exclus…

Élever nos enfants sans honte

VÉCU

Lorsque j'étais enfant, ma mère ne cessait de me dire que je devrais avoir honte pour tout et n'importe quoi : si je ne l'écoutais pas, car j'étais méchante avec elle ; si je ne finissais pas mon assiette, car il y avait des petits Africains qui mourraient de faim ; si je pleurais, car je n'avais plus l'âge de pleurer ; si je n'avais pas de bonnes notes à l'école, car j'étais une mauvaise élève... Bref, cette éducation par la honte m'a profondément traumatisée et donné le sentiment que je ne valais rien. Il m'a fallu du temps et une longue psychothérapie pour restaurer mon estime de soi.

Christa, 52 ans

Élever un enfant dans le sentiment de honte est préjudiciable pour la construction de son identité, car elle ne pourra se faire de manière saine. Un enfant n'a pas à avoir honte de ce qu'il fait.

« Le rôle des parents est de mettre des limites aux comportements répréhensibles par une attitude responsabilisante et non humiliante. »

L'humiliation donne un pouvoir malsain aux parents qui en font l'usage.

Cependant, ces parents n'ont parfois fait que reproduire les schémas qu'eux-mêmes ont vécus. Il leur est alors difficile de remettre en question leur éducation, d'autant plus que leurs propres émotions d'enfant ont été enfouies.

C'est en comprenant l'histoire de nos parents que l'on peut donner du sens à la nôtre.

EXERCICE

- Rappelez-vous d'une situation où, enfant, vous avez ressenti de la honte. À quel âge, où, avec qui ? Que s'est-il passé ?

  ....

  ....

- Qu'avez-vous ressenti émotionnellement et corporellement ?

  ....

  ....

- Que vous êtes-vous dit à l'époque ?

  ....

  ....

- Que vous dites-vous aujourd'hui en y repensant ?

  ....

  ....

- Subsiste-t-il de la colère en vous ? Écrivez ce que vous ressentez.

  ....

  ....

- Pouvez-vous faire le lien avec d'autres situations similaires que vous vivez aujourd'hui et qui vous font ressentir la même émotion ?

  ....

  ....

- Que pourriez-vous dire à l'enfant que vous étiez pour le rassurer ?

....

....

- Que pouvez-vous dire aujourd'hui ?

....

....

HISTOIRE DE HONTE

En classe, un professeur demande aux enfants de dessiner une maison. Une fillette dessine une maison verte avec des volets rouges et une cheminée orange. Moqueur, le professeur lui dit : « Mais qu'est-ce qui te prend ? Tu as déjà vu une maison verte ? » La petite fille blêmit et ne finit pas son dessin.
Un an plus tard : nouveau cours de dessin, autre professeur. Il demande aux élèves de dessiner une maison. À la fin du cours, la petite fille lui remet une feuille blanche. Le professeur la prend et s'écrie : « Oh, mais quelle jolie maison sous la neige ! »

LA JALOUSIE

Parmi les ressentis qui influencent nos relations, la jalousie est sans doute l'un des plus néfastes. **C'est un mélange de colère, de tristesse, de frustration et de dégoût.**

La jalousie peut se manifester par l'envie à l'égard de quelqu'un qui possède ce que l'on n'a pas et que l'on voudrait. Ce sentiment s'accompagne souvent d'hostilité et de dépit. Elle peut également être fondée sur le désir de posséder la personne aimée et sur la crainte de la perdre au profit d'un rival.

Nous avons tous été envieux de la réussite d'une personne, de ses avantages physiques, de ses biens matériels ou de son bonheur.

« Lorsque nous sommes jaloux des autres, c'est parce qu'ils jouissent de qualités physiques, morales, matérielles qui nous font défaut, ce qui nous renvoie à notre propre insécurité. »

Mais nous oublions souvent que ces personnes ont également leurs propres doutes et blessures.

La jalousie est un sentiment naturel

C'est un réflexe tout à fait humain que de désirer ce que l'on n'a pas. Si d'autres personnes en font l'usage, la jalousie peut alors s'apparenter à l'envie. Elle est comme un négatif photo qui nous renvoie l'image de ce qui nous manque et que nous voulons acquérir dans l'espoir d'augmenter notre légitimité, d'améliorer le jugement d'autrui sur nous.

Car la jalousie fausse l'idée que nous avons de nos besoins personnels : ce que je désire chez l'autre contribuera-t-il vraiment à me rendre plus heureux ? Bien sûr, je le pense puisque je le désire, mais en réfléchissant bien sur mes désirs profonds, je me rendrais peut-être compte que ce n'est pas vrai.

Nous pouvons nous sentir menacés par les personnes qui attisent notre jalousie ; elles sont trop belles, trop riches, trop intelligentes, trop charismatiques… ça doit cacher quelque chose !

En réalité, cela cache notre manque d'estime de nous-mêmes et nos propres doutes.

C'est également en étant objectif sur ses propres réussites et qualités que nous pouvons être moins envieux.

La jalousie parle de nos besoins cachés

C'est en étant au clair avec nos besoins profonds et nos valeurs que nous pourrons moins jalouser les autres et œuvrer pour développer ce qui est juste pour nous.

La jalousie a le mérite de nous signaler un manque, elle peut nous permettre de clarifier nos objectifs ou de réfléchir à nos rêves abandonnés. L'envie permet de mieux se connaître et de développer ce dont nous avons besoin.

VÉCU

J'ai une amie âgée de 45 ans qui, depuis 3 ans, a repris des études d'histoire de l'art. Je trouvais cette idée ridicule à nos âges et je me disais que cela ne servait à rien, car elle ne pourrait pas changer de métier facilement. Un soir, en en parlant avec mon mari, il m'a dit : « Mais tu es jalouse ! »

Sur le coup, je me suis défendue, mais cette idée a fait son chemin dans ma tête, et je fus bien obligée d'admettre que j'étais bien jalouse de cette énergie positive qu'elle avait retrouvée depuis qu'elle avait repris ses études. Je me suis avoué par la même occasion que je m'ennuyais dans mon travail depuis quelques années.

En lisant un article dont le titre était « Vivez vos rêves maintenant ! », un vieux rêve me revint en mémoire.

À 16 ans, j'étais douée en dessin et je rêvais de devenir artiste peintre. Mon professeur d'arts plastiques convoqua mes parents en leur conseillant de m'orienter vers une voie artistique, mais mes parents trouvèrent

l'idée ridicule : je devais faire un métier sérieux. J'abandonnais donc ce rêve et me tournais vers des études de comptabilité.
Trente ans après, cette amie, sans le savoir, réveilla ce vieux rêve enfoui et je décidai de m'inscrire à un cours du soir de peinture dans un petit atelier de mon quartier. Je n'allais peut-être pas devenir un peintre reconnu, mais j'ai retrouvé ma passion de jeunesse avec bonheur. Lorsque mon amie obtint son diplôme, j'ai fêté avec elle cette réussite et l'ai remerciée de m'avoir permis de réaliser un vieux rêve.

Tina, 49 ans

La jalousie amoureuse

Qui n'a jamais ressenti la douleur vive d'un coup dans le cœur de se croire trompé, oublié, abandonné par l'être aimé ? La jalousie amoureuse est un sentiment d'inquiétude douloureuse chez quelqu'un qui éprouve un désir de possession exclusive envers la personne aimée et qui craint son éventuelle infidélité.

C'est un mélange de peur et de colère : peur de perdre l'être aimé et colère de le voir s'intéresser à d'autres que soi. La personne jalouse aimerait pouvoir contrôler et posséder l'autre afin de l'empêcher de s'éloigner. C'est une émotion indissociable de l'amour et qui prend racine dans notre petite enfance.

« Tu m'as fait connaître, pourquoi le taire, le grand délire de la jalousie. Rien ne ressemble plus à l'amour et rien ne lui est plus contraire, violemment contraire. Le jaloux croit témoigner, par ses larmes et

> ses cris, de la grandeur de son amour. Il ne fait qu'exprimer cette préférence archaïque que chacun a pour soi-même. »
>
> Christian Bobin, *La Plus que Vive*

Chaque être humain a été jaloux, dans sa toute petite enfance, lorsque sa mère s'est détournée de lui soit parce qu'un nouvel enfant est arrivé, soit parce qu'elle ne pouvait naturellement pas lui consacrer tout son temps. La blessure induite marquera l'enfant à vie. Il s'est senti abandonné, trahi, son monde s'est écroulé, et pourtant, cette séparation était nécessaire, car elle a permis de sortir de la fusion. Ce moment correspond à la fin du sevrage et l'enfant va faire la douloureuse découverte qu'il n'est pas seul avec sa maman.

En fonction de la façon dont cette séparation s'est passée, l'enfant va garder une blessure plus ou moins forte, mais elle sera toujours présente et prête à être ravivée à l'âge adulte dans les relations amoureuses.

Psychanalyse et jalousie

La jalousie est donc tout à fait normale dans les relations amoureuses. Si elle ne paraît pas présente, c'est qu'elle a été puissamment refoulée ou qu'elle est contrôlée. Il n'est d'ailleurs pas rare qu'une scène de jalousie rapproche des amoureux, car elle peut être l'occasion de s'expliquer et de constater l'importance des sentiments amoureux, de se les redire. La jalousie est alors une preuve d'amour qui va galvaniser le couple.

Souvent, la jalousie cache un manque de confiance en soi ; on peut douter inconsciemment de notre capacité à être aimé. La croyance cachée est que notre partenaire va s'en apercevoir et nous quitter pour une personne mieux que nous.

Apprendre à se respecter et à s'aimer va nous permettre de vivre plus sereinement la relation de couple. **Mais la jalousie**

peut aussi devenir excessive et empoisonner le quotidien d'un couple. La personne qui la subit est en souffrance, mais celle qui la ressent ne l'est pas moins ; ce mode relationnel va alors progressivement détruire la relation. La jalousie devient alors pathologique. Souvent, elle revêt des formes plus aiguës chez l'homme. Elle se caractérise par de grandes scènes déclenchées par des événements anodins, suivies de regrets ; elle est récurrente, souvent accompagnée d'agressivité.

La jalousie, lorsqu'elle devient pathologique, nécessite une aide psychologique.

À savoir

Conseils pour les jaloux

- N'écoutez pas votre imagination vous souffler des idées déformées de la réalité.
- Exprimez, calmement et sans reproches, vos émotions et votre ressenti à votre partenaire, afin d'éviter les tensions et de dissiper les malentendus.
- Mettez-vous d'accord avec votre partenaire sur les limites de l'acceptable (déjeuner avec un ex...).
- Faites confiance à votre partenaire ; cela lui donnera d'autant plus envie d'y répondre.
- Dites-vous que la confiance est le ciment de toute relation amoureuse.
- Respectez-vous et accordez-vous de la valeur, ne serait-ce que les qualités qui ont fait que votre partenaire tombe amoureux de vous.

EXERCICE

Que vous soyez jaloux ou non, prenez le temps de réfléchir à vos qualités, et si cela vous est difficile, questionnez vos proches : ils en parleront parfois mieux que vous et vous serez surpris de l'effet positif que cela produira en vous.

- Quelles sont mes qualités ?

Par exemple : je suis à l'écoute des autres, dynamique, honnête, mes amis peuvent compter sur moi…

À vous :

....

....

....

....

- Dans vos relations amoureuses, qu'est-ce qui a séduit vos partenaires selon vous ?

Notez tout ce qui vous vient à l'esprit.

Par exemple : mon regard, mes mains, ma joie de vivre, ma douceur, ma sensibilité…

À vous :

....

....

....

....

7. CES ÉMOTIONS QUI NOUS FONT SOUFFRIR

L'anxiété est une émotion proche de la peur, qui existe chez tout être humain. Elle peut cependant devenir une maladie qui associe différents symptômes (psychologiques, physiques, comportementaux) et entraîne une souffrance et une gêne importantes dans la vie quotidienne. On parle alors de troubles anxieux qu'il convient de soigner.

La tristesse est à l'origine du coup de cafard, voire de la déprime. Elle atteint son paroxysme douloureux lorsqu'elle se transforme en maladie : la dépression.

La dépression est très répandue en France. Selon une enquête réalisée par l'Institut national de la prévention et de l'éducation pour la santé (INPES), près de 19 % des personnes de 15 à 75 ans (soit près de 9 millions) ont vécu ou vivront une dépression au cours de leur vie.

Ces états émotionnels douloureux ont toujours un message à nous transmettre et nécessitent souvent une prise en charge.

L'ANXIÉTÉ

L'anxiété est caractérisée par un sentiment d'appréhension, de malaise, de tension et de peur face à un événement clairement identifiable. Elle nous aide à y faire face et disparaît en même temps que la cause.

« L'anxiété est une réaction biologique d'adaptation qui apparaît dans des situations stressantes ; elle génère de la peur et accroît notre attention et notre vigilance. »

Elle est alors tout à fait normale et utile, car elle indique que la situation est désagréable.

Nous sommes anxieux et éprouvons une certaine tension lorsque nous sommes dans l'attente d'un événement (examen, entretien, naissance…) ou lorsque nous vivons un changement, une nouveauté ou une crise (nouveau poste, séparation, déménagement…), ou bien lorsque nous avons un choix à faire.

La personne anxieuse n'a pas toujours conscience de son anxiété, mais son irritabilité peut y faire penser.

Les symptômes physiques de l'anxiété

En fonction de son intensité, l'anxiété peut se manifester par divers symptômes plus ou moins présents : des palpitations, douleurs thoraciques, difficultés à déglutir, une sensation de boule dans la gorge, des douleurs épigastriques, troubles du transit, une difficulté à respirer, une sensation d'étouffement, des maux de tête, troubles du sommeil, difficultés de concentration, bouffées de chaleur, douleurs musculaires, de la fatigue, du vertige… Ces symptômes peuvent cependant être aussi présents dans certaines maladies, c'est pourquoi il convient de consulter s'ils sont fréquents.

L'anxiété est une réaction normale qui témoigne de la conscience de notre propre fragilité. Elle peut se dérégler et apparaître de manière récurrente dans notre quotidien au détour de situations parfois anodines ; elle amplifie alors les problèmes réels et se transforme en véritable handicap que l'on nomme « troubles anxieux ».

La plupart des troubles anxieux peuvent être définis comme la peur de perdre le contrôle et revêtir de multiples formes :

- L'anxiété généralisée.
- Les phobies.
- La crise d'angoisse ou de panique.
- Les TOC (troubles obsessionnels compulsifs).
- Le stress post-traumatique.

À savoir

Anxiété ou troubles anxieux ?

La frontière entre la réaction anxieuse normale face à une situation difficile et l'anxiété pathologique est floue. L'anxiété est normale lorsqu'elle ne génère pas de souffrance excessive et que la vie quotidienne n'en est pas affectée. Elle est pathologique lorsqu'elle survient sans raison et s'installe de façon permanente ; elle fait souffrir et amène souvent la personne qui la subit à consulter un médecin.

Tous anxieux ?

Nous ne sommes pas tous égaux devant l'anxiété, certaines personnes y sont plus sujettes que d'autres, ce qui s'explique par un ensemble de facteurs. On peut naître avec une vulnérabilité émotionnelle due à des prédispositions génétiques, puis l'éducation va jouer un rôle prépondérant dans le développement de l'anxiété, les parents hyperanxieux transmettant, souvent inconsciemment, leurs propres inquiétudes à leurs enfants.

Un enfant peut également vivre dans son enfance des événements traumatiques qui vont le fragiliser et le marquer à vie. Les femmes sont environ deux fois plus nombreuses que les hommes à faire des épisodes d'anxiété pathologique. Les spécialistes estiment que 21 % des 18-65 ans présenteront un trouble anxieux à un moment ou à un autre de leur vie.

La vie d'un anxieux

La vision du monde d'un anxieux est souvent pessimiste. Il imagine le pire dans bien des situations : « J'ai mal à la tête depuis un mois, ça doit être grave », « Si mon chef demande à me voir, c'est qu'il envisage peut-être un licenciement », « Mon fils a de mauvais résultats à l'école, il va forcément redoubler »…

L'anxieux a besoin de contrôler et de maîtriser les choses, car il pense inconsciemment qu'ainsi le pire pourra être évité. Pour compenser, certains ressentent le besoin de faire quelque chose, n'importe quoi, du moment que cela les oblige à agir et à se sentir utile. D'autres vont être maniaques de la propreté et vont nettoyer, ranger…

VÉCU

Je suis très anxieuse et j'évacue tout le stress dans la création. Je ne suis pas une grande artiste, mais je bricole des tas de trucs à partir de rien. Je garde tout (bouts de tissu, papiers, feuillages, morceaux de bois, coquillages, cailloux…) et je bidouille des cadres, des jouets pour mes enfants. Je peins mes meubles et je fabrique des bijoux pour les copines… Dès que mes mains sont occupées, ma tête se repose. Et mes mains sont presque tout le temps occupées…

Stéphanie, 32 ans

Le besoin d'anticiper de l'anxieux va cependant induire certaines qualités : un esprit vif et rapide, une adaptabilité, une attention à l'environnement et aux autres, une lucidité, un sens de l'organisation et de la prévoyance… Et une maison bien rangée !

Les anxieux vivent les choses avec plus d'intensité que les autres. Ils ont une sensibilité émotionnelle telle qu'ils sont de grands observateurs du monde et recherchent des solutions. On retrouve ainsi de nombreux anxieux parmi les créatifs, artistes, écrivains… D'ailleurs, une étude de neurologues américains a établi que plus le degré d'anxiété est élevé, plus le QI l'est aussi.

Woody Allen a su faire de ses démons incontrôlables une véritable source d'inspiration. En utilisant l'humour de manière talentueuse, il nous entraîne dans son univers de grand anxieux pour notre plus grand bonheur.

> « Dieu est mort, Marx est mort, et moi-même, je ne me sens pas très bien. »
>
> Woody Allen

EXERCICE

Trois questions à se poser

Face à un problème, une difficulté ou une situation anxiogène, posons-nous les trois questions suivantes :

1. Est-ce sûr ?

2. Est-ce grave ?

3. Que puis-je faire d'utile et d'adapté ?

Si, aux deux premières questions, vous répondez « non », vous comprendrez que la perception du danger est exagérée et vous pourrez relativiser.

Si vous répondez « oui », alors mettez en œuvre, avec la troisième question, ce qu'il convient de faire.

L'hypocondriaque : un anxieux de la maladie

L'hypocondriaque se croit malade à partir d'une invention ou d'une exagération de symptômes bénins. Malade imaginaire, il peut nourrir une telle crainte de la maladie qu'il finit par se rendre vraiment malade !

Il est persuadé au moindre signe, douleur, plaie, bouton ou palpitations, qu'il est atteint d'une maladie grave. Le diagnostic rassurant d'un médecin ne change rien. Au contraire, l'hypocondriaque va changer de médecin, car il est persuadé que ce dernier n'a rien vu.

L'hypocondrie affecte la vie sociale, familiale et professionnelle ; elle est source de stress pour tous. Elle frappe les hommes autant que les femmes.

L'anxiété généralisée

L'anxiété généralisée est un sentiment pénible et vague d'attente d'un danger imprécis, toujours imminent. Elle est indépendante d'une situation anxiogène. Elle se manifeste par un état de tension et d'inquiétude permanent, une irritabilité, une impatience et des difficultés de concentration. Cette pathologie constitue un véritable handicap dans le quotidien, car elle rend les relations difficiles. Tous les soucis sont démesurément amplifiés et l'anxieux appréhende le pire pour lui et ses proches.

« J'ai survécu à de nombreux naufrages… qui n'ont jamais eu lieu. »

Mark Twain

Son esprit est traversé de pensées ruminantes sur le passé ou l'avenir qu'il perçoit comme incertain.

Les spécialistes estiment que 21 % de la population serait touchée par ce symptôme. On retrouve souvent des états similaires chez les parents. L'anxieux chronique a beaucoup de mal à prendre des décisions, car il est soumis à un doute perpétuel.

VÉCU

C'est terrible, dès que je dois faire un choix, je suis tétanisée. Acheter un paquet de papier toilette devient un supplice : quelle marque, quelle couleur, quel prix, parfumé ou non ? Je tourne et retourne les paquets, j'en choisis un, puis je le remets et prends l'autre... L'autre jour, j'ai mis deux minutes à prendre un paquet dont j'ai regretté l'achat en rentrant chez moi. À cela se rajoute l'anxiété d'être observée, car il faut bien avouer que, si je regardais une personne agir de la sorte, je me poserais des questions sur son état mental.
Lorsqu'il s'agit d'acheter un vêtement, je tremble à l'avance d'avoir un choix à faire, et les vendeuses doivent se demander si je n'ai pas autre chose à faire qu'à passer deux heures dans une boutique pour choisir entre deux tee-shirts, et encore, c'est sans compter les allers et retours que je peux faire à la boutique avec le ticket de caisse que je conserve soigneusement pour pouvoir échanger l'article. Ma vie se résume parfois à : « Je prends ça ou ça ? »

Sabine, 38 ans

Angoisse ou anxiété ?

Les expressions « je suis angoissé » ou « je suis anxieux » sont utilisées dans le langage courant sans forcément les distinguer. Ce sont toutes deux des émotions de peur qui permettent d'anticiper un danger, mais l'anxiété a un caractère plutôt chronique et moins déstabilisant que l'angoisse, plus ponctuelle et intense. Les symptômes physiques de l'angoisse sont plus déstabilisants et plus amplifiés que ceux de l'anxiété. Alors que l'anxiété reste compatible avec les activités habituelles, l'angoisse peut empêcher d'accomplir les tâches quotidiennes. Au plus fort de l'angoisse peut apparaître la crise d'angoisse.

La crise d'angoisse ou de panique

Beaucoup de personnes ont ressenti, un jour ou l'autre, une crise de panique devant un événement terrifiant. Mais lorsque ces crises se renouvellent souvent et sans facteur déclenchant, on parle de « trouble panique ». La personne est alors obsédée par la crainte de voir la crise revenir.

Lors d'une crise de panique, tous les signes de l'anxiété sont exacerbés avec un malaise général et un sentiment de danger proche : peur d'une mort imminente, de devenir fou, de ne plus contrôler ses pensées ou ses actes, d'une catastrophe prochaine… La personne peut ressentir un sentiment de déréalisation qui lui donne la sensation de ne plus être dans la réalité.

Les symptômes physiques sont impressionnants : la personne est pâle, en sueur, crispée, tendue, tremblante, la respiration est accélérée et irrégulière. La crise dure de quelques minutes à plusieurs heures. Le diagnostic se fait sur des critères de durée, fréquence et symptômes.

La souffrance psychique est importante, et lorsque les crises de panique s'installent, la prise en charge médicale et psychologique est nécessaire.

À savoir

Les personnalités anxieuses qui ont des crises d'angoisse ont en général les particularités suivantes :

- Une très grande émotivité et une hypersensibilité.
- Une grande difficulté à prendre des décisions.
- Un état de tension psychique permanent.
- Une recherche de la perfection.
- Un besoin d'être rassuré en permanence.

Selon les travaux d'une équipe de chercheurs de l'université de l'Ohio, aux États-Unis, un gène pourrait être en partie responsable des attaques de panique. Les personnes présentant une variation particulière du gène 5-HTT régulateur de la sérotonine seraient plus susceptibles de développer des sentiments d'anxiété et de peur. C'est donc probablement l'association de particularités génétiques et de traits psychologiques qui va favoriser l'apparition de désordres psychologiques.

Les phobies

VÉCU

J'ai depuis longtemps la phobie des hauteurs, j'ai du mal à monter au premier étage et l'altitude me panique ; tout cela est très handicapant. J'avais organisé ma vie en conséquence jusqu'au jour ou j'ai dû aller habiter dans un village à 400 mètres d'altitude dans une maison à un étage ! Alors j'ai pris mon courage à deux mains et je suis montée les premières fois par palier à l'étage. Au bout de quelques mois, mes symptômes avaient disparu et j'étais fière de moi. Mais je ne peux pas monter plus haut sans ressentir de nouveau une panique incontrôlable.

Christine, 54 ans

Dans la phobie, l'anxiété se cristallise sur des situations particulières qui la font survenir. La personne n'est pas spécialement anxieuse dans son quotidien, mais l'angoisse surgit dès qu'elle est confrontée à la situation qui déclenche la phobie. Certaines phobies, la peur des serpents par exemple, peuvent être évitées, mais d'autres, telles que la peur de la foule, sont plus difficiles à gérer et sont donc très invalidantes. La personne phobique va mobiliser beaucoup d'énergie à éviter les situations anxiogènes, perturbant ainsi les relations avec les autres et la vie quotidienne.

Les différentes phobies

Il existe deux grandes familles de phobies : les phobies sociales (peur de situations dans lesquelles on est confronté aux autres) et les phobies d'objets ou de situations qui n'impliquent pas de relations sociales. Les plus fréquentes sont :

- **L'agoraphobie :** la peur des lieux publics et de la foule.
- **La claustrophobie :** la peur des endroits clos, ascenseurs, avions, pièces fermées…
- **Les zoophobies :** la peur de certains animaux, souris, chiens, chats, araignées, serpents…

La phobie comme pare-feu

La phobie est une stratégie inconsciente, une sorte de pare-feu à l'angoisse sous-jacente. Si le phobique se laisse aller à son angoisse, il sera mal en permanence. Si la phobie porte sur un objet, il peut l'enfermer dans un placard ou l'éviter. S'il a peur des ascenseurs, il suffit de passer par les escaliers, et le tour est joué ! Toute l'angoisse est ainsi canalisée sur un objet qui va permettre au phobique de se sentir mieux.

Les thérapies comportementalistes, qui permettent à la personne de s'habituer progressivement à la situation anxiogène, sont très efficaces pour le traitement des phobies.

Si vous vous êtes reconnu dans une description ou une autre concernant l'anxiété, pas de panique : l'anxiété se soigne bien (dans le chapitre suivant, nous verrons comment la diminuer et vivre avec). Et si vous ne vous êtes pas reconnu dans l'anxiété, peut-être que ce sera le cas avec la dépression… mais cela se soigne aussi.

Car nous sommes tous des êtres humains en proie à diverses émotions qui nous font souffrir à un moment ou à un autre de notre vie. Mais accordons-nous une pause respiration.

EXERCICE

La respiration abdominale 4-8

Que vous soyez anxieux ou non, cette respiration naturelle permet de se recentrer et de se détendre. En cas d'anxiété ou de montée d'angoisse, elle permet de faire retomber le niveau d'adrénaline.

- Installez-vous confortablement, assis ou allongé.
- Fermez doucement les yeux si vous le souhaitez.
- Prenez le temps de ressentir les différents points d'appui de votre corps sur la chaise ou le matelas : appui du dos, des mollets, des pieds, des bras, de la tête.
- Posez une main sur votre ventre. Prenez conscience de votre respiration.
- Sur l'inspiration, laissez doucement votre ventre se gonfler comme un ballon ; sur l'expiration, il se dégonfle. N'hésitez pas à rentrer le ventre sur l'expiration.
- Prenez le temps de bien ressentir cette respiration.
- Puis vous allez expirer plus longtemps que l'inspiration.
- Pour allonger l'expiration, vous pouvez laisser sortir de vos lèvres un filet d'air, comme si vous souffliez sur une plume.
- Et vous allez compter jusqu'à 4 sur l'inspiration et jusqu'à 8 sur l'expiration. (Si vous préférez un rythme plus rapide, cela peut être 3 et 6.)

- Inspiration, je gonfle le ventre et je compte jusqu'à 4 ; expiration, je dégonfle le ventre et je compte jusqu'à 8.
- Effectuez cette respiration une dizaine de fois. Puis reprenez votre respiration normale sans plus y penser.
- Ressentez les bienfaits de la respiration.
- Ouvrez les yeux, étirez-vous.

LA DÉPRESSION

Il est tout à fait normal d'avoir des moments de cafard et de tristesse, car la vie nous apporte son lot d'épreuves pas toujours faciles à surmonter. Notre société n'autorise pas les faiblesses émotionnelles et nous n'acceptons pas toujours le temps nécessaire de certains deuils, car nous devons aller vite et avancer.

Les coups de blues ont une fonction d'adaptation ; ils sont la preuve que nous interagissons avec notre environnement et que nous réagissons aux événements. Alors cela peut être l'occasion de faire un point sur ce qui nous affecte en ce moment : une séparation, une déception, un changement, un départ ou un conflit.

Acceptons de prendre le temps de se replier sur soi et d'accueillir la tristesse qui émerge, car c'est ainsi qu'elle pourra ensuite faire son chemin.

VÉCU

En ce moment, je n'ai pas trop le moral. J'ai de gros coups de blues durant lesquels je me dis que mon divorce est un gros échec et que mon travail ne m'intéresse pas. Je ressasse des idées négatives sur ma vie, et lorsque je regarde les infos, ça me donne le cafard de voir le monde dans lequel nous vivons. Je n'ai plus trop d'appétit et je suis facilement irritable avec mes enfants. Une amie m'a conseillé d'aller voir un médecin, car elle me dit que je suis déprimée. Je ne sais pas si ça peut servir à quelque chose.

Isabelle, 44 ans

De la fonction positive de la déprime

Le coup de cafard est ponctuel, mais il n'est cependant pas loin de la déprime qui se caractérise par un sentiment de tristesse passagère pouvant être lié à des raisons précises. Nous nous sentons tristes, fatigués, sans énergie, ou alors énervés, tendus.

La déprime est parfois le signe d'une insatisfaction vis-à-vis de notre vie et peut nous amener à nous interroger sur elle, à redéfinir nos priorités pour trouver du sens à notre existence. Elle permet parfois de prendre des décisions afin de provoquer un changement ; elle peut être le déclencheur d'une évolution et déboucher sur un mieux-être.

À savoir

Dépression saisonnière et luminothérapie

Le manque de lumière durant les longs mois d'hiver serait responsable de bon nombre de dépressions saisonnières. Il existe désormais sur le marché des lampes, ampoules ou lunettes qui simulent la lumière du soleil et agissent sur la régulation de la mélatonine. La luminothérapie permet également de traiter les troubles du sommeil. En s'exposant pendant 30 minutes par jour, assis à quelques centimètres de la lampe, les effets positifs sont ressentis au bout de 15 jours.

La dépression : une maladie

Cependant, il convient de rester vigilant. En effet, si le vague à l'âme devient permanent et incompatible avec la vie quotidienne, il peut être le signe d'une dépression qui s'installe.

> « Il ne faut donc pas hésiter à aller voir un médecin si l'état psychologique ne s'améliore pas ou si des troubles physiques apparaissent. »

La dépression est une véritable maladie à ne pas prendre à la légère et qui se soigne. On ne doit pas avoir honte d'aller chez le médecin. Ce n'est pas un signe de faiblesse, mais au contraire une preuve de volonté d'aller bien.

Près de 8 % de la population a connu un épisode dépressif majeur au cours de sa vie. Les femmes, les personnes vivant seules et les chômeurs sont les plus touchés.

Symptômes de la dépression

Dans la CIM-10 (Classification internationale des maladies de l'Organisation mondiale de la santé, dixième version), la dépression, appelée « épisode dépressif », se définit par un certain nombre de symptômes parmi les suivants, présents toute la journée et presque tous les jours, non influencés par les circonstances et durant au moins 2 semaines :

- Humeur dépressive, tristesse.
- Perte d'intérêt.
- Fatigue ou perte d'énergie.
- Trouble de l'appétit (avec perte ou prise de poids).
- Troubles du sommeil (perte ou augmentation).
- Ralentissement ou agitation psychomotrice.
- Sentiment d'infériorité, perte de l'estime de soi.
- Sentiment de culpabilité inappropriée.

- Difficultés de concentration.
- Idées noires, pensées de mort, comportement suicidaire.

Les causes de la dépression

La dépression n'est pas le fait d'une cause unique, mais résulte généralement d'une combinaison de facteurs :

- **Biologique :** les neuroscientifiques ont observé, chez les personnes dépressives, un déficit de certains neurotransmetteurs comme la sérotonine, qui participe au bon équilibre du système nerveux. D'autres problèmes physiologiques, comme une perturbation hormonale (hypothyroïdie ou ménopause, par exemple), peuvent aussi contribuer à la dépression.
- **Héréditaire :** les études scientifiques ont mis en lumière la part de l'hérédité dans la dépression. Ainsi, les enfants dont les parents souffrent de dépression ont plus de risques de développer le même type de problèmes dès l'enfance.
- **Conditions et habitudes de vie :** les conditions de vie (précarité, stress, isolement...) et les mauvaises habitudes de vie (tabagisme, sédentarité, déséquilibre alimentaire, alcool) créent un terrain favorable à l'apparition de la dépression.
- **Événements de la vie :** les événements difficiles de la vie (décès, maladie, divorce, perte de son emploi, retraite...) peuvent déclencher une dépression. De même, les traumatismes vécus dans l'enfance rendent plus sensibles à la dépression à l'âge adulte.

Dépression et pressions

La dépression est parfois la conséquence de pressions psychiques qu'un individu a subies. Elle va alors faire office de sonnette d'alarme qui va l'obliger à faire un arrêt sur soi afin de comprendre les enjeux de ce qui est vécu ou a été vécu.

> « La dépression peut être la conséquence de refoulements profonds d'émotions, d'un manque d'expression de ce qui se vit à l'intérieur de soi. »

Elle est alors un temps et un espace que la vie apporte pour permettre de guérir les vieilles blessures. Le dépressif, qui ne prend pas en compte son histoire personnelle et ses blessures psychologiques, risque fort de se retrouver livré à lui-même, isolé et anxieux devant ses boîtes de médicaments.

C'est par une prise en charge médicale, mais également psychologique, que la personne dépressive pourra traverser ce moment difficile, lui donner du sens et se reconstruire.

8. SE LIBÉRER DES ÉMOTIONS NÉGATIVES

Et si vous preniez le temps de vous mettre à l'écoute de ce qu'il se passe en vous, sans jugement ni peur, en étant juste là, présent à vos émotions, telle une pause sur soi.

Et si vous vous accordiez un temps de respiration lente et profonde. La respiration entretient un rapport privilégié avec nos émotions, elle va leur offrir un espace de libération.

Nos pensées, quant à elles, sont les meilleures amies de nos émotions. Elles ne cessent de nous solliciter en nous soufflant des mots pas toujours heureux pour notre moral. Apprenons à calmer les bavardages de l'esprit pour mieux calmer notre effervescence émotionnelle.

Il ne nous restera plus qu'à nous poser et à méditer afin de nous ancrer dans l'instant présent, d'observer et de lâcher prise…

LES STRATÉGIES POUR LIBÉRER LES ÉMOTIONS NÉGATIVES

Il existe bien des stratégies d'apaisement, d'évitement ou de répression qui vont pouvoir apaiser l'émotion négative à court terme, mais qui seront plus ou moins efficaces à long terme. L'émotion sera toujours présente, car elle n'aura pas été prise en considération. Nos émotions sont les messagers de notre vécu intérieur, et si nous ne les écoutons pas, elles trouveront le moyen de se faire entendre à notre insu.

EXERCICE

Cochez les stratégies que vous utilisez fréquemment :

• Écouter de la musique	• Faire le ménage
• Se confier	• Ranger ses affaires
• Rester seul	• Lire
• Analyser	• Écrire
• Se reposer	• Jardiner
• Dormir	• Bricoler
• Se promener	• Peindre
• Téléphoner	• Prier
• Faire du sport	• Méditer
• Boire du café	• Boire un verre
• Tapoter du pied	• Fumer
• Regarder la télévision	• Ruminer

Sans peur et sans jugement

La première étape dans la libération de ses émotions négatives est d'être à leur écoute, sans jugement et sans peur. Nous craignons souvent nos émotions, car nous ne savons pas où elles vont nous mener parce qu'elles sont refrénées socialement.

La peur de ses propres émotions nous amène à les bloquer alors que, justement, elles ont besoin de s'exprimer.

L'autojugement est, quant à lui, un frein à l'acceptation de soi. Renier ses émotions en les jugeant, c'est renier une partie de soi qui a besoin de s'exprimer, qui a quelque chose à dire.

Ne jugeons pas nos émotions, car il n'y en a pas de bonnes ou de mauvaises ; il y a simplement des émotions qui sont l'expression de la vie, et c'est en l'acceptant que nous pourrons faire alliance avec elles.

Bienveillance envers soi-même

La meilleure façon de se respecter est de pratiquer l'auto-bienveillance. En effet, qui mieux que soi peut repérer, écouter et accepter ses propres émotions ; c'est un véritable acte de soin envers soi.

> « Apprenons à prendre soin de nos émotions comme on prendrait soin d'un être cher qui souffre. »

Nous pouvons ainsi établir une véritable communication bienveillante avec nous-mêmes. Les émotions sont nos repères internes qui nous donnent des informations sur notre état et nous indiquent le chemin de notre liberté intérieure. Être à l'écoute de ses émotions, c'est suivre sa boussole interne.

Reconnaître les différentes émotions

Afin de ressentir les émotions, il faut d'abord les reconnaître, et force est de constater que notre vocabulaire émotionnel est souvent pauvre.

EXERCICE N° 1

À quelle émotion doivent être rattachées les manifestations suivantes ? La peur, la tristesse, la colère ou la honte ?

Par exemple : « angoissé » sera rattaché à la peur.

Angoissé → Peur	Agacé
Hargneux	Méfiant
Abattu	Piteux
Soucieux	Indigné
Gêné	Irrité
Hostile	Ennuyé
Affligé	Timoré
Désolé	Terrifié
Crispé	Accablé
Fâché	Atterré
Tourmenté	Paniqué
Furieux	Révolté
Déprimé	Mélancolique
Choqué	Embarrassé
Contrarié	Craintif

EXERCICE N° 2

À travers ces situations, nommez un ou deux sentiments que vous ressentez.

- Mon patron me convoque pour un entretien suite à une baisse du chiffre d'affaires.
  Je me sens :
- L'école de ma fille m'appelle pour me dire qu'elle a de la fièvre.
  Je me sens :
- Un automobiliste me fait une « queue de poisson ».
  Je me sens :
- Ma sœur m'apprend qu'elle a des soucis de santé.
  Je me sens :
- Mon fils adolescent passe des heures sur ses jeux vidéo au lieu de travailler.
  Je me sens :
- Mon conjoint a organisé un dîner sans me prévenir alors que je voulais passer le week-end à me reposer.
  Je me sens :

Conclusion : clarifier son ressenti émotionnel afin d'être connecté à soi-même est un processus libérateur.

Laisser vivre ses émotions avec la pleine conscience

La « pleine conscience » consiste à focaliser pleinement son attention sur le moment présent et à analyser les sensations ressenties en s'appuyant sur l'observation de la respiration. Cette pratique, issue du bouddhisme, a été développée par le professeur Jon Kabat-Zinn dans des programmes de réduction du stress.

Nous sommes en pleine conscience à chaque fois que notre esprit est parfaitement concentré sur ce que nous faisons, juste là. Lorsque je mange, je mange, lorsque je marche, je marche, lorsque j'écoute, j'écoute…

« Méditer en pleine conscience,
c'est tout simplement porter mon attention
sur ce qui se passe au moment présent.
C'est être pleinement présent à ce que je vis
au moment où je le vis. »

Accepter ses émotions

La pleine conscience nous invite à laisser les émotions être ce qu'elles sont et à les accueillir avec bienveillance, qu'elles soient agréables ou non. En faisant confiance à nos émotions, nous nous reconnectons à ce qui se passe en nous. La conscience de soi s'enracine dans les émotions que nous ressentons.

Il ne s'agit pas pour autant de se résigner, mais simplement de prendre le temps de les reconnaître, de les ressentir et de les accueillir comme faisant partie de soi.

La pleine conscience consiste à diriger son attention vers son expérience intérieure, en observant et en identifiant ses sensations corporelles. Les sensations et les émotions sont étroitement liées ; les sensations nous indiquent qu'il se passe quelque chose en nous, avant même que l'émotion ne s'exprime. C'est en identifiant nos sensations que l'on va pouvoir reconnaître plus facilement nos émotions.

Apprenons à mettre des mots sur nos sensations physiques, car elles annoncent nos émotions négatives.

EXERCICE N° 1

Cochez les sensations corporelles que vous pouvez ressentir :

- Mal au dos.
- Gorge nouée.

- Chaleur dans une partie du corps.
- Tension dans les épaules.
- Mal de tête.
- Thorax oppressé.
- Boule dans le ventre.
- Plexus solaire noué.

EXERCICE N° 2

Lorsque vous ressentez une émotion négative, prenez le temps de vous arrêter et de porter toute votre attention à l'émotion. Fermez les yeux.

Sensation :

Que ressentez-vous dans votre corps ?

Où se situent vos sensations ? Dans le ventre, le dos, la nuque, la gorge, la poitrine... ?

Acceptez et observez la sensation, ressentez-la complètement. Est-ce une tension, une douleur, un blocage ?

Émotion :

Accueillez l'émotion qui arrive. Quelle est-elle ?

Ne cherchez pas à lutter contre. Laissez-la vous envahir, soyez avec elle. Nommez-la : peur, tristesse ou colère ?

Entrez profondément dans l'émotion, apportez-y toute votre attention, mais sans l'analyser. Ressentez.

Peut-être d'autres émotions apparaissent-elles. Quelles sont-elles ?

Pensées :

Quelles sont les pensées qui apparaissent avec elle ?

Prenez conscience des pensées et observez-les.

Ne vous arrêtez pas sur elles.

Respiration :

Puis recentrez votre attention sur votre respiration.

Sentez l'air qui entre et qui sort de vos narines.
L'air qui entre est plus chaud, l'air qui ressort plus frais.
Restez concentré sur la respiration.
Puis, lorsque vous sentez que la charge émotionnelle négative s'est apaisée, rouvrez les yeux.
La méditation de pleine conscience va nous permettre de surfer sur les vagues de nos émotions.

Apaiser ses émotions par la respiration

La respiration, c'est la vie. Le nouveau-né entre dans ce monde par une grande inspiration. La respiration est donc nécessaire à la vie. Cependant, nous n'en prenons pas conscience, car c'est un acte réflexe.

Sur le plan physiologique, l'oxygène que nous inhalons est transporté par les globules rouges du sang qui la distribue dans notre organisme pour le fortifier et le régénérer. C'est une nourriture indispensable aux muscles, aux cellules, au cerveau et au sang.

Une bonne respiration agit directement sur notre santé : le système cardiovasculaire est régulé, la tension artérielle baisse, les défenses immunitaires se renforcent.

« L'appareil respiratoire agit comme le grand régulateur de l'organisme. »

Dès que nos émotions nous perturbent, notre respiration est modifiée. Lorsque nous sommes stressés, elle s'accélère ; lorsque nous sommes détendus, elle reprend son rythme naturel. La vie émotionnelle influe sur la respiration, et la respiration va influer sur les émotions.

En portant toute son attention sur la respiration, cette dernière va agir à la façon d'un médicament antistress. Par la pratique de certains exercices respiratoires, on peut avoir un impact sur les émotions.

Bien respirer est le moyen le plus simple et le plus naturel d'apaiser rapidement les émotions, le corps et l'esprit.

La respiration de pleine conscience

Faites l'exercice de respiration suivant une ou plusieurs fois dans la journée afin de vous recentrer sur l'instant présent. Ne jugez pas votre performance, car aucun résultat n'est attendu.

Pratiquez avant même de ressentir une émotion négative ; exercez-vous quand vous vous sentez bien, afin de créer une habitude. Et lorsqu'une émotion négative vous envahira, reprenez cette respiration.

EXERCICE

- Installez-vous confortablement sur une chaise ou allongé, au calme.
- Essayez de garder la colonne vertébrale droite, mais sans tension.
- Prenez conscience des différents points d'appui de votre corps sur la chaise ou le matelas.
- Portez votre attention sur votre respiration.
- À quel endroit vous semble-t-elle la plus perceptible ? Au niveau du nez, du cou, du ventre, de la poitrine ou ailleurs ?
- Laissez aller votre respiration naturellement. Observez simplement votre souffle.
- Puis sentez l'air entrer et sortir de vos narines. L'air qui entre est frais, l'air qui sort est chaud.
- Restez concentré sur l'air qui entre et sort de vos narines pendant quelques respirations.
- Concentrez-vous ensuite sur votre poitrine et observez ce qui se passe : elle se gonfle sur l'inspiration et se dégonfle sur l'expiration.

- Observez votre ventre : peut-être le sentez-vous se gonfler sur l'inspiration et se dégonfler sur l'expiration.
- Concentrez toute votre attention sur votre abdomen qui se soulève et qui s'abaisse.
- Et lorsque votre attention s'éloigne du souffle et que des pensées arrivent, concentrez-vous sur l'air qui entre et sort de vos narines.
- Restez ou revenez dans la conscience du souffle à chaque instant.
- Puis terminez en vous étirant doucement.

À savoir

Dans une étude menée par l'université de Californie, on a demandé à des adolescents de pratiquer des exercices d'inspiration et d'expiration proches de certaines positions de yoga. Et, après quatre semaines, ces derniers avaient plus de facilité à contrôler leur impulsivité que ceux qui n'avaient pas effectué ces exercices. Les scientifiques ont ainsi constaté que respirer avait un impact non négligeable sur l'état émotionnel.

Mécanismes de la respiration

Dès la naissance, nous respirons par le ventre, mais en grandissant, nous bombons le torse, rentrons le ventre. Nous montons alors spontanément notre respiration vers le thorax.

En Occident, la partie haute du corps est privilégiée par rapport à la partie basse ; l'intellect est préféré à l'émotionnel qui siège dans le ventre.

Le muscle du diaphragme est le principal acteur de la respiration, le stress quotidien va le bloquer et renforcer cette respiration thoracique haute et superficielle. Et nous voilà donc amenés à respirer par le thorax.

Respiration thoracique ou abdominale ?

La respiration thoracique est constituée de respirations courtes et irrégulières, où les poumons ne se remplissent qu'à moitié. Lorsque l'air est inspiré, les poumons se gonflent et les épaules se lèvent ; le corps est en état d'alerte. L'anxiété et les tensions émotionnelles sont souvent associées à ce type de respiration.

Dans la respiration abdominale, le diaphragme se détend, la respiration est profonde et lente, amenant une relaxation et une détente du corps et de l'esprit.

EXERCICE

La respiration abdominale

- Allongé sur le dos, jambes repliées, placez un livre sur votre ventre.
- Inspirez lentement par le nez en essayant de gonfler le ventre et de soulever le livre.
- Soufflez lentement en dégonflant le ventre et en laissant redescendre le livre.
- Si, au début, cela vous semble difficile, ne vous inquiétez pas. Cela signifie simplement que votre ventre a perdu l'habitude de recevoir de l'air ; il va s'y réhabituer progressivement.

La respiration avec expiration longue

L'inspiration dynamise l'organisme et l'expiration l'apaise. Or, pour la majorité d'entre nous, bien respirer, c'est prendre une grande inspiration sans s'occuper de l'expiration. L'expiration est essentielle, car elle élimine une partie des toxines de notre corps et permet de se détendre.

« C'est en expirant longuement que le corps se relaxe et les émotions s'apaisent. »

Détendre le diaphragme

Lorsque nous disons : « J'ai le plexus solaire noué », en réalité, c'est le diaphragme qui est noué et qui fait mal. Le diaphragme est le muscle qui permet à la respiration de se faire spontanément. Sous l'effet du stress, il se contracte et génère des tensions corporelles et émotionnelles. Il est le muscle qui influence le plus nos émotions.

EXERCICE

Puisque le diaphragme est un muscle, il est possible de le détendre par des exercices.

Détendre le diaphragme :

- Asseyez-vous au calme. Relâchez vos épaules.
- Respirez tranquillement.
- Posez le bout des doigts d'une main légèrement sous la pointe inférieure du sternum.
- Inspirez : le ventre se gonfle et pousse le bout des doigts vers l'extérieur.
- Expirez : le ventre se dégonfle et le bout des doigts s'enfonce doucement, formant un creux sous le sternum.

Massage du diaphragme :

- En position assise, respirez lentement.
- À la fin de chaque expiration, avant de reprendre l'inspiration, laissez le bout de vos doigts détendus se poser sous la pointe du sternum et sous les côtes.
- Massez doucement.

Calmer les pensées par la méditation

Notre esprit est très actif, nos pensées ne cessent de nous solliciter, nous sommes en pilotage automatique permanent. À l'origine de l'humanité, les pensées négatives et la peur étaient là pour nous permettre de survivre dans un environnement dangereux en étant vigilant. Ce mécanisme de défense n'a plus lieu d'être aujourd'hui, et pourtant, nos pensées continuent de fonctionner sur ce mode.

La méditation de pleine conscience va permettre d'observer nos pensées et de débrancher le pilotage automatique.

VÉCU

Hier matin, je me suis réveillée en me disant que je ne devais pas oublier de prendre rendez-vous chez le médecin pour mon mal de dos. En ouvrant mon portable, j'ai vu un texto d'une amie : « Pas le moral, appelle-moi... » Je lui ai répondu : « Sans faute dans la journée. » Puis ma fille de 7 ans s'est mise à pleurer au petit déjeuner, car elle avait peur d'un copain de l'école. En la consolant, je pensais que j'avais un dossier important à rendre aujourd'hui, tout en regardant l'évier. Mince, toujours cette fuite, j'appellerai tout à l'heure le plombier. En rentrant dans mon bureau, je me suis précipitée sur le téléphone qui sonnait : c'était un client mécontent. Bon, il m'a fait penser à mon beau-père quand il s'énerve. Au moment du déjeuner, j'ai pensé à ma fille en me disant que je prendrais un moment ce soir pour parler avec elle. Puis j'ai pensé à ma réunion de l'après-midi que j'ai préparée mentalement. Un collègue qui déjeunait à la même table que moi m'interpella : « Mais dis donc, tu es où, pas avec nous en tout cas ! » Je me suis arrêtée sur ma bouchée de flan à la vanille. Force était de constater qu'il avait raison, mais j'avais tellement de choses auxquelles penser que ça tourbillonnait dans ma tête ! Ouf, 23 heures, l'heure de me coucher ! Mais je me suis rendu compte que je n'avais pas appelé le docteur ni le plombier, pas pris le temps de parler avec ma fille, ni avec mon amie...

Nina, 39 ans

Nous sommes tous des « ruminants »

Dès que nous sommes en proie à une contrariété, notre cerveau se met en route et nos pensées ne cessent de dérouler l'histoire qui vient d'arriver, d'imaginer ce qui aurait pu se produire si on avait dit ou fait autrement, d'imaginer même le pire.

Nous ruminons jusqu'à l'épuisement parfois, sans pour autant, évidemment, sortir de la situation de manière positive. Il est évident que ce ressassement attise les pensées et les émotions négatives, les amplifie jusqu'à ce qu'elles envahissent notre espace mental.

Peut-on arrêter ce cycle infernal ? Peut-on tout au moins le calmer ?

Il est impossible de faire cesser ces pensées, car en tentant de le faire, nous serions exposés au phénomène du retour de flammes qui les ramèneraient de manière plus puissante dans notre esprit.

> « La méditation va nous permettre d'observer nos pensées négatives sans les juger, sans s'y accrocher, sans les arrêter, mais en les laissant tout simplement passer. »

Nous ne sommes pas nos pensées, mais nous en sommes les témoins.

EXERCICE

Prenez 5 minutes pour faire ce petit exercice de méditation.

- Asseyez-vous sur une chaise, dans un endroit calme. Essayez de garder la colonne vertébrale droite, sans être tendue. Fermez les yeux.

- Portez votre attention sur votre souffle, observez comment vous respirez. Sentez l'air qui entre dans vos narines, avec une sensation de fraîcheur, puis l'air plus chaud qui sort de vos narines.
- Concentrez-vous sur le passage de l'air dans vos narines.
- Puis prenez conscience des pensées qui traversent votre esprit, repérez-les. Observez-les comme s'il s'agissait de petits nuages au-dessus de votre tête. Laissez-les passer, ne les analysez pas, observez simplement les nuages passer.
- Parfois une pensée vous absorbe sans vous en rendre compte, et vous vous arrêtez sur elle. Dès que vous le remarquez, respirez et laissez passer. Redevenez observateur.
- N'essayez pas de contrôler ou de chasser les pensées.
- Et si vous éprouvez des difficultés, si vous vous dites : « Je n'y arrive pas... », ne vous jugez pas, observez cette pensée et laissez-la passer.
- Il n'y a aucun challenge, juste être là, présent à vos pensées.
- Soyez bienveillant avec vous-même. Si vous avez des difficultés, cela est tout à fait normal.

C'est en faisant cet exercice régulièrement que vous pourrez petit à petit devenir témoin de vos pensées.

Vivre l'instant présent

Nos pensées sont le plus souvent ancrées dans le passé ou projetées vers le futur, mais plus rarement dans le présent. Nous ressassons le passé et réveillons les émotions négatives qui y sont associées ; nous anticipons le futur et ressentons de l'anxiété, et surtout, nous oublions le présent.

EXERCICE

Posez-vous régulièrement ces trois questions :

1. À quoi suis-je en train de penser ?

2. Mes pensées sont-elles dans l'instant présent ?

3. Est-ce que je pense à ce que je fais ?

Prenez le temps de vous reconnecter à votre respiration.

La force de la pensée

Lorsque nous éprouvons une émotion négative, c'est que nous avons eu une pensée anxiogène juste avant, et souvent sans nous en rendre compte. La pensée est imperceptible, car elle n'a fait que traverser notre esprit un millième de seconde. En devenant témoin de nos pensées, nous allons pouvoir repérer les pensées anxiogènes et pouvoir agir sur elles.

La pensée anxiogène peut également être consciente. Si je pense : « Je ne vais jamais y arriver », il est évident que je vais me sentir anxieux ou découragé, ce qui ne va pas faciliter ma réussite.

Il ne s'agit pas d'essayer de transformer toutes les pensées anxiogènes, car certaines ont une fonction d'alerte et il convient de les écouter, mais lorsqu'une pensée anxiogène est trop forte ou inadaptée, elle va générer une émotion elle aussi inadaptée qui ne nous aidera pas à gérer la situation.

Nous pouvons, dans un premier temps, prendre de la distance face à la pensée anxiogène pour avoir un état d'esprit plus objectif et calmer l'émotion paralysante. Nous serons plus apaisés pour trouver une solution.

« Ce n'est pas la réalité que nous vivons qui pose problème, mais ce que nous pensons de cette réalité. »

L'approche cognitive

Cette approche nous permet de comprendre les fonctionnements de notre activité mentale, de nos représentations des autres et de nous-mêmes, de notre façon de penser le réel.

Nous vivons des situations que nous interprétons par l'intermédiaire de pensées ou d'images mentales. De ces pensées, croyances et représentations mentales dépendront l'émotion que nous ressentons, puis notre comportement.

Lorsque je pense : « L'enfer, c'est les autres », je vais être anxieux en présence d'autrui, ce qui va générer un comportement de méfiance et de tension.

Situation → Pensée → Émotion → Comportement

Nous fonctionnons selon des schémas automatiques et nous avons, tout au long de la journée, des pensées automatiques que nous ne contrôlons pas. Nous pouvons nous entraîner à observer ces fonctionnements pour corriger ce qui dysfonctionne.

EXERCICE

La pensée alternative

Cette technique simple permet de mettre en évidence les pensées anxiogènes afin de mieux les analyser et de les transformer.

- Lorsqu'une émotion difficile émerge, prenez le temps de vous arrêter pour identifier les pensées qui y sont associées.
- Complétez le tableau suivant au cours de la journée par des situations, puis examinez-le. Vous allez vite vous rendre compte des pensées automatiques que vous avez sur les situations. Ces pensées sont stressantes et provoquent des émotions négatives.

- Cherchez d'autres pensées plus adaptées à la réalité et moins anxiogènes qui conduiront à d'autres comportements.

1. Situations	Mon responsable ne m'a pas dit bonjour ce matin.	
2. Pensées automatiques	Le dossier que je lui ai remis hier ne doit pas convenir.	
3. Émotions négatives	Inquiétude	
4. Pensées alternatives	Il est peut-être absorbé par la réunion de direction de cet après-midi.	
5. Comportements	Je reste calme et je lui demande si mon dossier est bon.	

Récupérer par la relaxation

La relaxation améliore considérablement la qualité de vie au quotidien, non seulement par le sentiment agréable de détente corporelle et psychique qu'elle induit, mais aussi parce qu'elle nous aide à mieux gérer le stress et les émotions négatives.

Elle permet de faire retomber l'adrénaline, de diminuer la fréquence cardiaque et la tension artérielle, de relâcher les tensions musculaires. Le corps et l'esprit se retrouvent en mode récupération.

À savoir

Un cerveau et des ondes

Le cerveau émet des ondes cérébrales qui peuvent être captées par l'électroencéphalogramme. Le rythme de ces ondes varie selon notre activité : éveil, apprentissage, repos, relaxation, sommeil léger, sommeil profond... Chaque type d'onde est représenté par une lettre de l'alphabet grec : alpha, bêta, gamma, delta, thêta. Elles se différencient par leur fréquence hertzienne :

- Les ondes delta sont celles du sommeil profond, sans rêves (0,5 à 4 Hz).
- Les ondes thêta sont associées à la relaxation profonde et correspondent également à l'état hypnotique ainsi qu'à la zone d'insensibilité à la douleur (4 à 7 Hz).
- Les ondes alpha sont celles de la relaxation légère et de l'éveil calme (8 à 13 Hz).
- Les ondes bêta sont celles des activités courantes. Elles sont également émises lors des phases de rêves (14 Hz et plus).
- Les ondes gamma témoignent d'une grande activité cérébrale, comme pendant les processus créatifs ou de résolutions de problèmes (30 ou 35 Hz).

Les ondes alpha de la relaxation

Lorsque nous sommes en éveil, c'est-à-dire que nous fonctionnons au rythme bêta, notre cerveau descend très régulièrement dans les ondes alpha sans que nous en soyons vraiment conscients, ceci pour éviter la « surchauffe » de notre cerveau. Plusieurs fois par minute, notre cycle cérébral chute quelques microsecondes seulement au rythme des ondes alpha.

Lorsque nous fonctionnons au rythme cérébral alpha, notre cerveau fonctionne de manière harmonieuse, ce qui nous permet de mieux gérer le stress et de calmer les émotions négatives.

Cela nous permet par ailleurs d'avoir une perception plus globale et plus juste des choses, voire plus intuitive, ce qui va nous permettre de sentir ce qui est bon pour nous.

La relaxation permet à notre cerveau d'émettre des ondes alpha bienfaisantes pour notre état émotionnel.

EXERCICE

Itinéraire de relaxation

Prenez 30 minutes pour effectuer cette relaxation. Vous pouvez enregistrer la séance pour la réécouter ensuite.

- Isolez-vous dans un endroit calme, confortablement allongé. Fermez les yeux.
- Prenez conscience des points d'appui de votre corps sur le matelas : de la tête, du dos, des bras, des jambes.
- Prenez conscience de votre respiration. Laissez aller votre respiration naturellement. Sur la fin de la prochaine inspiration, contractez légèrement tout votre corps. Retenez votre respiration ; expirez lentement en relâchant tout votre corps.
- Refaites cet exercice de tension-détente trois fois de suite.
- Ressentez la détente procurée par l'exercice.

Nous allons à présent effectuer un itinéraire de relaxation.

- Portez votre attention sur votre visage, laissez le front se lisser telle une mer d'huile. Sentez le front s'étirer vers les tempes, défroncez les sourcils.
- Desserrez les mâchoires, décollez la langue du palais, relâchez tous les petits muscles derrière les yeux, relâchez les joues.

- Sentez les petits muscles de la nuque se relâcher.
- Relâchez et laissez aller vos épaules sur le matelas.
- Puis imaginez que votre colonne vertébrale se dépose sur le matelas, depuis la nuque jusqu'au bas du dos.
- Tous les petits muscles intervertébraux se relâchent.
- Relâchez également toute la surface plus large du dos.
- Laissez vos bras se poser de chaque côté de votre corps. Les muscles des bras se relâchent, les avant-bras, les mains, les paumes, le dessus des mains et les doigts également.
- Portez votre attention sur vos jambes qui se détendent et se posent davantage sur le matelas. Sentez la masse musculaire des cuisses se détendre, les mollets, les pieds...
- Ressentez la surface de la plante des pieds, cette partie du corps qui est en permanence sollicitée se relâche.
- Votre corps est posé, détendu et tranquille, sur le matelas et vous en profitez pour détendre les parties du corps qui ne le seraient pas encore.
- Profitez de ce moment de détente.
- Effectuez trois respirations profondes, puis remobilisez doucement tout votre corps.
- Étirez-vous comme si vous vous réveillez d'une bonne sieste.

9. SAVOIR EXPRIMER SES ÉMOTIONS AVEC LES AUTRES

Nous communiquons à longueur de journée, c'est un besoin psychologique et social fondamental. Et pourtant, connaissons-nous les règles d'une communication respectueuse ? Et comment parvenir à dire à l'autre ce qui ne nous convient pas, tout en ne l'humiliant pas ?

C'est en étant connecté à nos émotions que nous allons pouvoir établir des relations authentiques et durables. En exprimant de manière bienveillante ce que nous ressentons, nous nous estimons et nous devenons responsables de notre vie relationnelle.

OSER DIRE SES ÉMOTIONS

Dans nos relations avec les autres, nous éprouvons en permanence des émotions parce que l'autre va interagir avec nous. Nous sommes tous en interaction et nous avons besoin des autres pour nous épanouir ; le besoin de communication et de reconnaissance est fondamental. Mais, lorsque cette communication ne se passe pas bien, les ennuis émotionnels commencent, avec tous leurs nombreux symptômes.

Alors devons-nous subir ce qu'une personne nous fait vivre ou devenir acteur de nos relations ?

« En informant mon interlocuteur de ce que son comportement provoque en moi, je deviens responsable de ce que je vis. »

Je ne suis pas responsable du comportement de l'autre, mais je suis responsable de ce que je vais en faire : le garder pour moi et ruminer, voire me rendre malade, ou lui exprimer mon ressenti ? C'est un choix que nous pouvons tous faire : devenir acteur de notre vie relationnelle et ne plus subir.

VÉCU

Depuis que mon frère m'a critiquée sur un ton humiliant dans un dîner familial, je ne me sens pas bien. Pour qui se prend-il ? Me parler sur ce ton, et en plus devant mes enfants et le reste de la famille ! J'en suis encore toute retournée. Il ferait mieux de balayer devant sa porte au lieu de me critiquer. Je n'ai rien dit, car je ne voulais pas faire de scandale, et comme maman est fatiguée, cela lui aurait fait de la peine. Je sens une grande colère à l'intérieur de moi, et c'est préférable que je ne le vois pas pendant un certain temps, car je ne sais pas si je pourrais me contrôler !

Marie, 42 ans

Exprimer ses émotions pour se respecter

Si nous voulons être respectés par les autres, nous devons commencer par nous respecter et nous accorder une juste valeur. Notre éducation, la peur de déplaire, le sentiment de ne pas valoir grand-chose peuvent nous pousser à subir les comportements de notre entourage sans réagir. Si nous agissons en faisant comme si nos émotions ne comptaient pas, c'est comme si nous considérions que nous ne comptons pas, que la vie qui est en nous ne compte pas.

Exprimer ses émotions est un processus libérateur qui permet de se sentir intimement vivant.

Dans les relations, la colère est suscitée le plus souvent par des manquements aux règles de nos proches ou de nos amis, mais aussi par le sentiment d'être traités de façon injuste.

Préserver la relation

Lorsqu'une relation provoque en nous des émotions négatives et que nous ne disons rien, la relation va inexorablement et progressivement se détériorer. Oser dire ce que l'on ressent et parler à l'autre permet, au contraire, de soigner la relation et de lui donner toutes les chances d'évoluer positivement. Mais cette expression doit se faire de manière constructive et respectueuse pour l'autre. Ne pas blesser l'autre est la condition pour que l'autre m'entende, m'écoute vraiment et change son comportement.

La première étape du processus est d'identifier l'émotion ressentie, et c'est donc par l'écoute de soi que l'on y parviendra.

EXERCICE

- Décrivez la dernière situation où une personne a eu un comportement qui ne vous a pas convenu ?

....

....

....

- Comment vous êtes-vous senti ?

....

....

....

- Que vous êtes-vous dit ?

....

....

....

- Qu'avez-vous dit ?

....

....

....

- Qu'avez-vous fait ?

....

....

....

- Comment la situation a-t-elle évolué ?

....

....

....

- Pouvez-vous clarifier à présent les émotions qui vous ont traversé ?

....

....

....

Utiliser le « JE » responsable

Lorsque nous exprimons nos émotions, il est essentiel de ne pas utiliser le **« TU »** accusateur, car il va mettre l'autre sur la défensive, dans une position de colère ou de rejet. La manière la plus simple et efficace pour que l'autre m'écoute et me comprenne est d'utiliser le **« JE »**, car nous allons parler de ce que nous ressentons et de ce qui nous touche ; c'est ainsi que nous allons sensibiliser l'autre. Car nous sommes tous des êtres humains et nous sommes tous portés par les mêmes émotions.

Ainsi, plutôt que de dire : « TU dis vraiment n'importe quoi ! », nous pouvons dire : « Lorsque je t'entends dire cela, JE me sens vraiment blessé. »

Peut-être pensez-vous : « Je ne vais quand même pas me dévoiler ainsi à l'autre », et pourtant, montrer à l'autre ce que ses mots ont provoqué en soi est le seul chemin possible vers des relations plus responsables, plus saines et plus vivantes.

Quel est mon objectif ?

Lorsqu'une relation est difficile, posons-nous la question : « Quel est mon objectif ? » La réponse est certainement : gérer le conflit positivement, changer le comportement de l'autre ou faire avancer la relation. Afin d'atteindre notre objectif, il est certain que nous devons faire alliance avec l'interlocuteur, car nous ne pourrons avancer dans la relation si nous le braquons.

> « L'objectif est de sortir gagnant-gagnant du conflit, et pour y parvenir, nous devons œuvrer POUR la relation et non CONTRE elle. »

LES ÉMOTIONS NÉGATIVES CACHENT DES BESOINS NON SATISFAITS

VÉCU

J'ai longtemps été déconnectée de mes besoins. J'étais en quelque sorte une étrangère pour moi-même et, lorsque je me regardais dans une glace, je ne me reconnaissais pas tout à fait... Lorsque j'ai fondé une famille, je ne pensais pas à moi, mais plutôt à mon mari et à mes enfants. Je m'épanouissais dans mon rôle de mère au foyer. Lorsque j'avais des moments d'inquiétude ou de tristesse, je ne les écoutais pas, ma mère m'avait bien assez répété enfant : « Arrête de t'écouter. » Et puis j'avais tellement de chance de vivre dans ce confort. Les enfants grandissant, j'ai repris une formation, mon couple a commencé à aller mal, je me rendais doucement compte que mon mari était autoritaire et dominant. Tant que je me soumettais, tout allait bien, mais dès que je n'étais pas d'accord, cela était source de conflits. Il vivait mal ma reprise d'activité, devenait paranoïaque et agressif.

Je n'osais pourtant pas trop m'affirmer. D'ailleurs, je n'avais pas vraiment conscience de ce que je voulais vraiment, je culpabilisais même en me disant que je ne lui montrais pas assez mon amour.

Jusqu'au jour où j'ai commencé à faire des crises d'angoisse, et quelques mois plus tard, je suis tombée en dépression. J'ai alors démarré une psychothérapie, et 3 années plus tard, je me suis séparée, et lentement a débuté le chemin de la reconstruction.

Je me suis formée à la communication émotionnelle et me suis alors rendu compte de tous mes besoins bafoués : expression, reconnaissance, autonomie, respect, équilibre, confiance, intimité... de tous ces besoins que j'avais accepté de laisser étouffer par une relation qui m'avait convenu pourtant un temps. Je comprenais la formule « cage dorée » qui était, dans mon cas, la cage qui enfermait mes besoins.
J'ai compris également que j'avais choisi cet homme, car je ne m'autorisais pas à vivre par moi-même, alors c'était l'alibi et la cage idéale.
J'ai appris lentement à m'écouter, à m'aimer, à reconnaître et à nourrir mes besoins profonds.
La connaissance de mes besoins a été la grande découverte de ma vie, car elle m'a libérée et autorisée à être moi-même sans culpabilité.

Leila, 56 ans

Lorsque nous sommes déconnectés de nos besoins, nous sommes coupés de ce qui est important pour nous et notre bien-être. Nous avons alors du mal à faire des choix qui nous engagent personnellement. Nous comptons plus sur le destin pour choisir à notre place ou bien sur les autres personnes.

Lorsque nous n'avons pas conscience de nos besoins, nous agissons en fonction du besoin des autres ; nous nous attendons à ce qu'ils fassent de même. Et quand ils ne sont pas satisfaits, nous les en rendons responsables.

Les besoins nous sont nécessaires pour être heureux et épanouis. Ils sont universels et constituent un terrain sur lequel les êtres humains peuvent se comprendre. Nos besoins sont légitimes, car ils parlent de nous. Lorsqu'une émotion apparaît, c'est qu'un besoin n'est pas satisfait ; partir à la découverte de ce besoin permet de mieux comprendre son émotion et de l'accueillir. Nos émotions sont les messagers de nos besoins.

LISTE DE NOS BESOINS (NON EXHAUSTIVE)

Besoins de survie Abri Air, respiration Alimentation Évacuation Hydratation Lumière Repos Respiration Reproduction (survie de l'espèce) Mouvement, exercice Respect du rythme	**Besoins relationnels** Appartenance Attention Affection Reconnaissance Considération Respect Compagnie Contact Empathie Intimité Partage Proximité Amour Chaleur humaine Délicatesse, tact Honnêteté, sincérité	**Besoins de sécurité** Confiance Harmonie Paix Protection Réconfort Sécurité (affective et matérielle) Soutien
Besoins de liberté Autonomie Émancipation Libre arbitre Spontanéité Indépendance	**Besoins d'identité** Cohérence Affirmation de soi Appartenance identitaire Authenticité Confiance en soi Estime de soi/de l'autre Évolution Respect de soi/de l'autre Intégrité	**Besoins de participation** Coopération Concertation Co-création Connexion Expression Interdépendance

Besoins de récréation Défoulement, détente Jeu Récréation Ressourcement Rire	**Besoins d'accomplissement de soi** Créativité Apprentissage Orientation Harmonie Expression Inspiration Réalisation Choix de ses projets de vie Valeurs, opinions, rêves Évolution, apprentissage Spiritualité	**Besoins de sens** Clarté Compréhension Discernement Orientation Signification Unité Communion Conscience
Besoins de célébration Appréciation de la vie Contribution à la vie (des autres et de la sienne) Partage des joies et des peines Commémoration des deuils et des pertes Ritualisation		

Clarifier un besoin et l'exprimer permet de faire comprendre à l'autre où j'en suis. Il s'agit de dire ce que je souhaite pour moi-même et non pas ce que j'attends de l'autre. « J'ai besoin d'être reconnu », plutôt que : « Je veux que tu reconnaisses mes efforts. »

« Lorsque j'exprime mon besoin à mon interlocuteur, je vais créer une connexion avec lui, car les besoins sont universels et compris par tous. »

EXERCICE

Écrivez le besoin non satisfait derrière l'émotion négative :

- Quand je me sens démoralisé(e), j'ai besoin de :
……………………………………………………………………………
- Quand je me sens anxieux(se), j'ai besoin de :
……………………………………………………………………………
- Quand je me sens irrité(e), j'ai besoin de :
……………………………………………………………………………
- Quand je me sens dépassé(e), j'ai besoin de :
……………………………………………………………………………
- Quand je me sens tendu(e), j'ai besoin de :
……………………………………………………………………………
- Quand je me sens désespéré(e), j'ai besoin de :
……………………………………………………………………………
- Quand je me sens en colère, j'ai besoin de :
……………………………………………………………………………

LA COMMUNICATION ÉMOTIONNELLE

La communication non violente (CNV) mise au point par Marshall Rosenberg, psychologue clinicien, est un art de vivre visant à créer entre les êtres humains des relations fondées sur l'empathie, la coopération et le respect de soi et des autres.

Cette communication émotionnelle permet également d'être en meilleure relation avec soi-même, de mieux comprendre ses besoins profonds et de prendre en charge, de manière autonome et responsable, les divers aspects de sa propre vie. La CNV nous invite à être davantage conscients de nos perceptions, à accueillir et gérer nos émotions, à nous relier à nos besoins et motivations.

Elle permet également de « décoder » dans les messages des autres ce qu'ils veulent vraiment dire derrière des propos ou des comportements qui nous dérangent au premier abord. Sa force est d'apporter de la clarté par rapport à ce que nous vivons, voulons et disons.

La communication émotionnelle ouvre un dialogue sincère, authentique et respectueux.

> « Ce que je recherche dans la vie, c'est la bienveillance, un échange avec autrui motivé par un élan du cœur réciproque. »
>
> Marshall Rosenberg

Les quatre étapes de la communication

Dans ce processus, nous allons exprimer avec clarté ce qui se passe en nous, sans reproche ni jugement, selon **la méthode**

OSBD (Observation, Sentiments, Besoins et Demande) et en utilisant le **« JE »** responsable.

Observation : je décris la situation objectivement, sans juger.
« Lorsque je vois ou j'entends, je me rappelle… »

Sentiment(s) **:** j'exprime les sentiments et émotions qui sont éveillés en moi.
« Je me sens triste, blessé, en colère… »

Besoin(s) **:** j'exprime les besoins qui sont à l'origine de mes sentiments.
« Parce que j'ai besoin de… »

Demande : j'exprime clairement la demande qui pourrait contribuer à mon bien-être sans exigence.
« Et je souhaiterais, es-tu d'accord pour… »

Ma demande doit être claire, concrète, positive et négociable.
Quelques exemples de formulations de demande :

- « Serais-tu d'accord pour qu'on prenne un moment ce soir après dîner pour se parler ? »
- « Je souhaiterais avoir ton avis sur ce sujet. »
- « J'aimerais que tu me dises ce que ça te fait quand je te dis ça. »

La communication émotionnelle aide à transformer l'énergie relationnelle CONTRE en énergie POUR.

Exemple

Votre meilleure amie n'est pas venue à votre rendez-vous pour aller au cinéma. Cela fait deux fois en 1 mois qu'elle vous fait le coup. Elle ne répond pas au téléphone quand vous essayez de l'appeler. Vous rentrez chez vous furieuse. D'ailleurs, ça fait quelque temps que vous la trouvez un peu lointaine, depuis qu'elle s'est fait de nouveaux amis dont elle vante la réussite professionnelle. Elle vous appelle le lendemain en vous disant qu'elle a oublié, en prétextant une journée surbookée. La moutarde vous monte au nez et vous explosez :

« Dis donc, tu te moques de moi ou quoi ! Ça fait deux fois que tu me poses un lapin sans me prévenir, tu es vraiment complètement irrespectueuse, tu te prends pour qui ! J'en ai assez d'avoir à supporter ton comportement ! Je ne suis plus assez bien pour toi peut-être, la prochaine fois tu n'auras qu'à y aller avec tes formidables nouveaux amis ! »

Et vous lui raccrochez au nez, non mais ! Bon, il est certain qu'à présent votre relation est devenue mauvaise.

Alors, imaginons que vous lui parliez en communication émotionnelle. Cela veut dire que vous allez d'abord prendre le temps de clarifier vos émotions et besoins avant de lui téléphoner.

Rappelez-vous que votre objectif n'est pas d'aller CONTRE la relation, mais POUR la relation.

Voici ce que vous pourriez lui dire :

Observation : « Hier, nous avions rendez-vous au cinéma et tu n'es pas venue. Cela s'est déjà produit il y a 3 semaines. »

Sentiment(s) : « Je suis vraiment très en colère et, en même temps, je suis un peu triste et inquiète. »

Besoin(s) : « Car j'ai besoin du respect de ce qui était convenu et d'être rassurée sur notre amitié. »

Demande : « Pourrait-on se voir et en parler tranquillement ? »

Vous allez adopter une communication qui va permettre d'ouvrir le dialogue sur ce que vous ressentez vraiment au fond de vous. Il ne s'agit pas de juger l'autre, mais bien de lui dire ce que son comportement a induit chez vous, et c'est en parlant de vous que vous aurez toutes les chances de générer un changement chez lui.

Lorsque la connexion est établie sur les émotions et les besoins, un dialogue authentique est possible.

EXERCICE

- Quelle est la dernière fois où vous avez ressenti une émotion négative dans une relation ? Décrivez la situation :

....

....

- Quelles sont la ou les émotions que vous avez ressenties ?

....

....

- Pour chaque émotion, quels sont le ou les besoins non satisfaits ?

....

....

- Imaginez que vous exprimez à la personne concernée votre ressenti en communication émotionnelle :

Observation : ....

Émotion(s) : ....

Besoin(s) : ....

Demande : ....

- Pouvez-vous prévoir de parler à la personne concernée ? Quand ?

....

EXERCICE

Pause sur soi

À chaque fois que je ne me sens pas bien, je peux « m'arrêter sur moi-même », respirer tranquillement, fermer les yeux et me poser les questions suivantes :

1. Quelle émotion est-ce que je ressens ?

2. Quel est mon besoin non satisfait ?

Ce travail d'introspection va me permettre de clarifier mon vécu intérieur, et même si le besoin ne peut être satisfait sur le moment, le fait de l'avoir repéré et nommé constitue un premier pas vers l'apaisement. Je peux sortir du brouillard émotionnel et accéder à la clarté et à la conscience de ce que je vis. Je peux alors pratiquer l'auto-empathie, c'est-à-dire accueillir avec bienveillance mes émotions et mes besoins, car à ce moment précis, il n'y a peut-être que moi qui puisse le faire. Tel un enfant que je prendrais dans mes bras pour le réconforter, je peux m'accueillir.

10. QUE FAIRE DES ÉMOTIONS DES AUTRES ?

L'écoute est un puissant levier relationnel et l'empathie est sa prolongation.

Nous avons tous besoin d'être écoutés et compris ; c'est un besoin fondamental pour notre équilibre. Mais savons-nous vraiment nous mettre à l'écoute de l'autre, sans jugement et pleinement ?

Écouter et accueillir les émotions de notre interlocuteur est le plus beau cadeau que nous puissions lui faire.

LA PUISSANCE DE L'ÉCOUTE

Que notre interlocuteur soit en colère, triste ou anxieux, nous sommes souvent désemparés devant l'expression de ses émotions. S'il est en colère contre nous, on essaie de se défendre ; s'il est anxieux, de le rassurer ; et s'il est triste, on ne sait que dire et on est parfois mal à l'aise. Et souvent, en pensant bien faire, on dit à l'autre ce qu'il devrait faire pour sortir de la situation.

Et pourtant, mon interlocuteur n'a pas toujours besoin de conseils, car ce qui est bon pour moi ne l'est pas forcément pour lui. Ce dont il a avant tout besoin, c'est de reconnaissance, d'écoute et d'attention.

> « Le plus beau cadeau que l'on puisse faire à une personne qui est dans une émotion négative, c'est de lui donner de la reconnaissance, car c'est un besoin fondamental pour tout être humain. »

Nous avons tous besoin d'être reconnus et considérés dans ce que nous sommes et éprouvons. Nous ne pouvons vivre sans reconnaissance. Ce besoin est fondamental depuis notre naissance : un enfant ne peut grandir de manière équilibrée s'il ne se sent pas reconnu, et donc aimé par ses parents. C'est grâce à cette reconnaissance que l'enfant va pouvoir également construire l'estime de soi nécessaire à son évolution. C'est en se sentant reconnu, estimé, considéré, valorisé, aimé que l'on se sent digne de valeur. On peut alors s'appuyer sur ce sentiment pour grandir, quel que soit l'âge.

VÉCU

Hier, une amie m'a téléphoné pour me parler de l'opération qu'elle doit subir. Elle était très angoissée et j'étais désemparée. Je ne savais que dire, car je sais que c'est une opération très délicate. J'ai essayé de la rassurer, mais je sentais bien que cela n'avait aucun effet, et moi-même, je n'étais pas rassurée. Je me sentais impuissante et je ne trouvais pas les mots, alors je l'ai écoutée et je lui ai dit que je comprenais son inquiétude. En raccrochant, elle m'a remerciée de l'avoir écoutée : j'avais le sentiment de l'avoir un peu aidée.

Sushila, 32 ans

Écouter pour accueillir l'émotion de l'autre

Lorsque notre interlocuteur est dans une émotion douloureuse, le plus fort signe de reconnaissance que nous puissions lui renvoyer, c'est l'écoute. L'écoute est la base de toute relation humaine : en la rendant plus active et consciente, nos relations s'en trouveront améliorées.

Et pourtant, lorsque nous sommes en conversation, sommes-nous sûrs de bien écouter, n'avons-nous jamais répondu à une personne qui nous parlait d'elle : « C'est comme moi, j'ai le même problème… ça me rappelle… » ? L'écoute est difficile, car elle demande de faire abstraction de soi en se recentrant complètement sur l'autre, alors que nous sommes plutôt tentés de nous intéresser à nous-mêmes et de parler de nous.

VÉCU

Ma collègue est vraiment très énervante. À chaque fois que je lui parle d'un souci qui me perturbe, elle me dit ce que je devrais faire ; elle a toujours la solution qui, selon elle, va débloquer la situation. J'ai l'impression d'être à l'école avec la maîtresse et je me sens du coup comme une petite fille qui ne sait pas s'en sortir toute seule. Je vais finir par ne plus rien lui dire, mais en même temps, je sais qu'elle est pleine de bonnes intentions. En fait, j'aimerais juste qu'elle prenne le temps de m'écouter.

Ella, 29 ans

Nous sommes également tentés de penser à la place de l'autre, car nous pensons savoir ce qui est bon pour lui. Lorsqu'une personne se confie, il ne sert à rien de lui dire pourquoi elle ne s'en sort pas, ce qu'elle doit être et comment elle doit agir. Cela ne fait qu'amplifier sa difficulté à régler son problème toute seule. C'est en verbalisant qu'elle trouvera ses propres solutions.

Pratiquer l'écoute active, c'est écouter vraiment, sans distraction, sans penser à autre chose, en restant concentré sur ce que me dit mon interlocuteur. Cela demande de faire un effort sur soi et de mettre ses pensées en suspens afin d'être complètement disponible à l'autre.

Lorsque nous écoutons l'autre, nous lui permettons de s'écouter lui-même et de s'entendre dire ce qu'il ressent. L'autre peut reformuler ses émotions et poser les mots dans cet espace d'écoute bienveillante. L'écoute a un impact psychologique très fort. En effet, cela crée un véritable climat de respect, d'estime et de confiance entre deux personnes.

« Il faut de l'esprit pour bien parler, de l'intelligence suffit pour bien écouter. »

André Gide

PRATIQUER L'EMPATHIE

L'empathie est la capacité à se mettre à la place de l'autre, sans jugement, sans préjugé, afin de mieux le comprendre dans ses émotions. L'empathie est parfois confondue avec la sympathie ou la compassion. Or, ce sont deux notions différentes :

- **La sympathie :** c'est le fait de partager les mêmes sentiments ou émotions sur de nombreux sujets – c'est « avoir des atomes crochus » –, et cette constatation nous rapproche de l'autre. Nous sommes en sympathie.
- **La compassion :** au sens strict du mot, cela signifie « souffrir avec » et désigne le fait d'être sensible à la souffrance de l'autre.

Dans l'empathie, on ne partage pas forcément les mêmes émotions et on ne souffre pas avec l'autre, mais on comprend son émotion sans la juger et on le lui montre. « Être empathique » signifie qu'on laisse de côté, le temps de l'écoute, ses propres opinions et ses propres valeurs afin de pénétrer sans préjugés dans le monde de l'autre.

À savoir

Le psychologue humaniste américain Carl Rogers a placé le concept de l'empathie au cœur de sa démarche thérapeutique :
« L'empathie suppose que vous soyez sensible à la peur, à la colère, à la tendresse, à la confusion ou à quoi que ce soit que l'autre personne est en train d'éprouver.
Cela implique que vous entriez pour un moment dans la vie de l'autre, que vous vous y déplaciez délicatement, sans porter de jugement de valeur, que vous perceviez les significations dont l'autre est à peine conscient, mais sans tenter de dévoiler les sentiments dont la personne n'a pas encore vraiment conscience, car ce serait trop menaçant. »

La meilleure façon de montrer à l'autre qu'on l'a bien compris est de lui dire : « Je comprends… » D'apparence simple, la formule « je comprends » possède la magie d'un doux réconfort que l'on va apporter à l'autre.

EXERCICE

Une écoute en pleine conscience

Vous vous êtes exercé précédemment à l'écoute empathique. Avec cet exercice, vous irez encore plus loin dans l'empathie.

- Choisissez un moment où vous serez avec un interlocuteur qui a besoin de vous parler.
- Mettez-vous en écoute neutre et bienveillante.
- Regardez la personne quand vous l'écoutez ; si vous êtes au téléphone, ne faites rien d'autre que de vous concentrer sur ce que vous entendez.
- Cessez de parler.
- Tentez d'entrer en empathie et de comprendre la personne, même sur un sujet qui vous paraît anodin.
- Ne mettez pas ses propos en doute, ne jugez pas.
- Utilisez des mots d'encouragement pour montrer que vous écoutez et l'inciter à poursuivre : « Je vois… », « Mmm… », « Oui… ».
- Utilisez la formule « je comprends » lorsqu'elle est adaptée.
- Ne l'interrompez pas pour dire ce que vous ressentez ou pensez.
- Encouragez la personne qui parle avec votre langage corporel : vous pencher vers elle ou opiner de la tête va lui indiquer que vous êtes attentif.
- Retenez-vous de chercher une solution pendant que vous écoutez, sauf si la personne vous le demande.

- Soyez attentif à ne pas couper la parole, restez sur le sujet abordé par elle.

Combien de temps avez-vous tenu ?

Et si votre écoute n'a pas été optimale, soyez auto-empathique : la personne a ressenti votre intention, et c'est le plus important.

La réexpression des émotions

Lorsque mon interlocuteur m'exprime ses émotions, je peux utiliser la technique qui consiste à lui reformuler ses propres émotions : « Je comprends que tu sois en colère… triste… contrarié… »

C'est une technique très efficace qui permet à l'autre de se sentir profondément accueilli et accepté dans son ressenti émotionnel.

Que puis-je apporter de mieux à l'autre que ce miroir émotionnel que je lui tends, pour qu'il puisse voir se refléter son vécu intérieur ?

Certains diront qu'ils ne comprennent pas forcément les émotions de l'autre, notamment lorsqu'il s'agit de colère qui leur est destinée. **Alors, au lieu de dire : « Je comprends », vous pouvez tout simplement dire l'une des formules suivantes :**

- « Je vois bien que tu es… en colère… inquiet… frustré… »
- « J'entends bien que tu es… énervé… anxieux… dépité… »
- « Je sens bien que tu es… contrarié… soucieux… triste… »

L'important est de montrer et de dire à l'autre que l'on a vu son émotion et qu'on en accuse réception. Cette technique va pouvoir s'appliquer à tous les domaines : avec les enfants, dans le couple, avec la famille, les amis, dans nos relations sociales ou professionnelles.

VÉCU

J'étais jeune mariée lorsqu'un soir, alors que nous dînions, mon mari me parla d'un souci au travail. J'avais moi-même eu une journée très difficile, et de plus, notre bébé avait la varicelle et ne dormait pas depuis 3 nuits. Je ne l'écoutais pas vraiment, et surtout, je lui disais que ça n'était pas bien grave et que ça allait s'arranger, car il était très bien vu dans son entreprise.
Il s'énerva en me disant que je sous-estimais ses difficultés et que ce n'était pas sûr du tout que ça allait s'arranger et que, s'il était licencié, on serait dans de beaux draps. Il a un tempérament de comédien dramaturge. Je lui ai dit qu'il exagérait quand même et je me sentais vraiment énervée par sa façon de grossir son petit problème lorsque le téléphone sonna. Il répondit et je reconnus la voix d'une amie. Il resta un temps avec elle et je l'entendais lui parler de son problème ; au moins, il ne m'en parlait plus, et je soufflais un peu...
J'en profitai pour débarrasser la table, mais je le vis cependant se transformer sous mes yeux et arborer un sourire d'abord léger, puis franc. Lorsqu'il me passa le combiné, il me dit : « Eh bien, qu'est-ce qu'elle est sympa ta copine ! » Je m'éloignai un peu de la pièce pour demander avec empressement à mon amie ce qu'elle avait bien pu lui dire. Elle me répondit : « Je lui ai tout simplement dit que je comprenais qu'il soit anxieux. »
J'en suis restée bouche bée et j'ai compris à partir de ce moment-là la puissance de l'empathie et de la réexpression des sentiments.

Sophie, 47 ans

11. PRÉSERVER LES ÉMOTIONS DES ENFANTS

Dès la naissance, les enfants expriment spontanément leurs émotions. Mais l'éducation et les conventions sociales vont progressivement leur apprendre à les cacher, à les refouler, à ne pas les écouter.

Les parents, souvent désarmés devant certaines expressions intempestives de leurs enfants, leur interdisent d'exprimer leurs émotions, souhaitant ainsi les préparer à affronter un monde difficile où il n'est pas bon de montrer ce que l'on ressent. C'est ainsi qu'en pensant bien faire, les parents déconnectent les enfants de leurs ressentis.

Et pourtant, c'est en permettant à l'enfant de reconnaître ce qui se passe en lui que nous l'aiderons à s'accepter, à se respecter, à être lui-même. L'enfant pourra alors se construire une identité forte et une sécurité intérieure stable.

TOUT PETIT DÉJÀ

L'enfant est en proie à un flot incessant d'émotions. Il peut se sentir anxieux d'aller à l'école, car il ne se sent pas en sécurité loin de sa maman ou parce qu'un petit copain le harcèle. Il peut avoir des colères incontrôlées lorsqu'on lui demande de prendre son bain ou d'aller se coucher. Il peut manifester de l'agressivité face à un copain de bac à sable qui ose lui prendre sa pelle : un bon coup de la pelle en question sur la tête devrait dissuader le voleur.

Les émotions vont parfois générer chez les enfants des débordements qui peuvent décontenancer, voire agacer, les parents : bouder, crier, mordre ou taper.

Certains événements heureux pour les parents ne le sont pas forcément pour tous. Prenons l'exemple de la venue d'un nouveau-né dans la famille. L'enfant passe par des sentiments d'amour et de haine, les deux parfois entremêlés. Si tant est qu'on lui dise : « Ce n'est pas bien de ne pas aimer ton petit frère », alors il va culpabiliser de ne pas se réjouir de la venue de ce « nouveau bonheur dans la maison ».

VÉCU

Ce matin, j'ai ouvert les yeux. Maman était là à côté de moi à me chuchoter que je devais me réveiller. Moi, je me sentais fatigué et j'ai refermé les yeux, mais maman n'était pas d'accord et m'a dit que ça suffisait, que je devais me réveiller. J'ai ronchonné, mais pas moyen de rester au lit. Maman m'a pris dans ses bras et m'a amené dans la salle de bains pour m'aider à m'habiller : je n'ai que 6 ans, alors c'est difficile pour moi tout seul. Je la sentais un peu énervée, mais moi je n'avais toujours pas envie d'aller à l'école. Alors je me suis mis à pleurer et elle m'a dit d'arrêter, car un grand garçon

comme moi, ça ne pleure pas pour aller à l'école. Ça ne m'a pas consolé du tout. J'ai pris mon petit déjeuner à côté de ma sœur qui a 10 ans et qui me regardait un peu méchamment. Je lui ai fait une grimace et elle m'a donné un coup sur la tête, alors j'ai crié très fort. Maman, qui n'avait rien vu, m'a grondé et m'a dit de me taire. Alors j'ai pleuré dans mon bol de chocolat.
Puis elle m'a fait un câlin, et dans la voiture, j'ai encore pleuré, car j'avais peur du nouveau garçon qui est arrivé dans la classe et qui m'a bousculé dans la cour hier. Maman m'a dit qu'elle allait en parler à la maîtresse et qu'en attendant, je ne devais pas lui montrer que j'avais peur. Mais moi, je ne sais pas comment faire pour montrer que je n'ai pas peur quand j'ai très peur. J'ai eu mal au ventre toute la journée.
Quand papa est venu me chercher le soir chez la nounou, je lui ai dit que j'étais triste, car Amélie, mon amoureuse qui est avec moi chez la nounou, m'a dit qu'elle allait déménager et que je ne la verrai plus. Papa m'a dit que c'était la vie, que ce n'était pas grave et que je rencontrerai une autre petite fille.
Et puis, avant de me coucher, maman, m'a lu un livre qui racontait l'histoire d'un prince qui avait beaucoup d'épreuves à surmonter, des dragons, des sorcières, des méchants... Et je me suis dit que, finalement, le prince, il avait la vie bien dure aussi.
Maman m'a fait un gros câlin et m'a dit : « Bonne nuit, mon petit prince. » J'ai pris mon doudou et je l'ai serré très fort dans mes bras en lui disant : « N'aie pas peur, je suis là. »

Ben, 6 ans

Un monstre dans le placard

Les cauchemars gâchent bien des nuits d'enfants (et de parents…). Nombre d'entre eux se réveillent en pleine nuit en ayant peur des monstres ou de la sorcière sous le lit ou derrière la porte.

La nuit permet aux enfants de « digérer » le vécu de la journée. La vie d'un enfant est riche et intense en émotions. Il découvre la vie avec toutes ses joies, surprises, incertitudes et inquiétudes. La nuit va lui permettre d'intégrer tout ce vécu avec plus ou moins de bonheur.

Parfois, le moment du coucher est difficile : l'enfant, en tentant de repousser l'heure d'aller au lit, a du mal à se séparer de ses parents. Peut-être a-t-il besoin de plus de temps avec ses parents qu'il n'a pas assez vu dans la journée ? Mais il se peut également que le problème vienne d'un parent qui, lui-même, a du mal à se séparer de son enfant la nuit, même s'il n'en a pas conscience. L'enfant le sent et il « porte » la peur de son père ou de sa mère.

Et puis il y a la peur du noir. La nuit, l'enfant se retrouve face à lui-même. Et cela peut lui faire très peur, parce que les émotions telles que l'amour ou la haine sont très fortes. Lorsque l'enfant ressent des élans qualifiés par les adultes de « mauvais », il va culpabiliser et angoisser.

Le rôle des parents est d'accompagner leur enfant, de le soutenir, de l'aider à accueillir et à exprimer ses émotions afin de mieux les libérer.

Les contes de fées

Depuis des millénaires, les contes de fées fascinent petits et grands. Ils font écho à tous les rêves et cauchemars enfantins. Les contes ramènent aux enjeux psychiques qui composent la vie : l'amour, la tendresse, la séparation, l'abandon, les loups, le noir, la jalousie, les méchants, les gentils, la cruauté…

Au-delà des tentatives de réassurance de ses parents, l'enfant peut trouver dans les contes de fées beaucoup de soulagement. Face à un monstre sanguinolent susceptible de faire peur, l'enfant se rassure et peut sortir victorieux de sa bataille avec la peur. Et non seulement il en ressent un soulagement, mais il se réconcilie avec ses « pulsions » négatives.

Adultes, nous avons perdu ce regard sur les monstres des contes de notre enfance. Ils peuvent parfois nous paraître effrayants, mais ils vont être pour l'enfant un vrai support pour vaincre ses angoisses et ne pas avoir peur de ses propres émotions. Il réalise que ses angoisses sont partagées, et au final surmontables. L'enfant peut alors apprivoiser ses « monstres intérieurs ».

> « Si les enfants aiment les contes de fées, [...] c'est parce que, malgré toutes les pensées coléreuses, anxieuses auxquelles le conte, en les matérialisant, donne un contenu spécifique, les histoires se terminent toujours bien, issue que l'enfant est incapable de trouver tout seul. »

Bruno Bettelheim, *Psychanalyse des contes de fées*

Colère ou caprice ?

VÉCU

Je n'en peux plus avec ma petite fille. À chaque fois que c'est l'heure de dîner, je l'appelle, elle ne répond pas, je l'appelle de nouveau, silence radio, alors je me décide à aller la chercher. Je la prends par la main, et là, c'est toujours le même scénario : elle pique une colère et se met à crier en se débattant... Et moi, je n'ai qu'une envie : c'est de faire la même chose et, de surcroît, de me rouler par terre !

Lucie, 34 ans

Cette scène est familière à de nombreux parents. Mais si la colère des petits est parfois inévitable, on peut essayer d'y faire face en comprenant les mécanismes qui la déclenchent. Nous comprendrons alors que, si notre vision d'adulte nomme cette manifestation « caprice », pour l'enfant, c'est une colère bien justifiée.

Les raisons de la colère

Si un petit enfant fait des colères, c'est tout d'abord parce que c'est de son âge. En effet, vers 2 ans, l'enfant prend conscience qu'il a une pensée différente de celle de ses parents. Il va donc s'opposer à travers le « non », car c'est ainsi qu'il se différencie. Et cette opposition va se faire dans une énergie d'affirmation, et donc dans une émotion de colère.

« Le "non" est considéré comme un constructeur de la personnalité de l'enfant. »

À travers sa colère, l'enfant manifeste également sa frustration face à un plaisir qu'on lui refuse et qu'il considère, en toute bonne foi, devoir passer avant. Grandir, c'est apprendre à gérer les frustrations, et le rôle des parents va être fondamental dans cet apprentissage.

Enfin, l'enfant manifeste son impuissance à lutter contre un pouvoir parental omniprésent. Grâce à la colère, il se fabrique une bulle dans laquelle il occupe tout le terrain et où il retrouve sa propre toute-puissance. C'est sa façon de restaurer son identité narcissique.

Accompagner nos enfants vers l'intelligence émotionnelle

L'enfant, débordé par ses émotions, ne sait qu'en faire et le rôle des parents est de l'accompagner dans l'apprentissage de l'intelligence émotionnelle.

Nous avons une responsabilité vis-à-vis de nos enfants : il faut les aider à acquérir suffisamment de confiance en eux, de sécurité intérieure et d'autonomie. Ces bases et ces repères sont nécessaires pour que l'enfant parte dans la vie avec des outils indispensables pour son adaptation et sa sociabilisation.

> « Les parents doivent être des guides, des tuteurs favorisant l'épanouissement et le bien-être de leurs enfants. »

Accueillir et encourager les émotions de son enfant, l'écouter, lui donner la permission de libérer ses tensions, c'est lui permettre de se constituer une identité forte, une sécurité intérieure stable afin qu'il aille, serein et assuré, sur son propre chemin et, plus tard, sorte grandi des difficultés de la vie. Respecter les émotions de l'enfant, c'est aussi lui permettre de sentir qui il est, de prendre conscience de lui-même ici et maintenant. C'est l'autoriser à se montrer différent de nous.

L'environnement social, les relations amicales ou affectives des enfants vont avoir également une part importante dans leur construction psychologique. L'école pourrait avoir un formidable rôle à jouer dans cet apprentissage si elle envisageait d'introduire dans ses programmes des cours de compétences émotionnelles, au même titre que les cours de mathématiques ou autres.

La difficulté d'entendre les émotions de nos enfants

Les émotions de nos enfants menacent notre image de « bonne mère » ou de « bon père ». Nous aimerions parfois

que nos enfants soient sages comme des images, ne pleurant pas pour un rien, ne criant pas dès que quelque chose leur résiste, ne se roulant pas par terre au supermarché.
Mais seraient-ils encore des enfants ?
Et lorsque notre enfant est confronté à une épreuve difficile, nous sommes démunis et remués face à son angoisse ou à sa tristesse, car cela met en échec notre rôle protecteur. Nous souffrons de voir nos enfants souffrir et nous aimerions parfois les protéger et les entourer d'un cocon. Mais c'est en comprenant que les émotions sont là, justement pour libérer leur souffrance, que nous pourrons les accepter chez nos enfants.

EXERCICE

Comment accueillir les émotions des enfants ?

Lorsqu'un enfant éprouve une émotion négative, aidez-le à prendre conscience de ce qui se passe en lui.

- Mettez des mots sur son ressenti : « Je vois que tu es en colère ! »
- Aidez-le à mettre des mots dessus : « Tu es déçu, c'est ça ? », « Qu'est-ce qui se passe ? », « Qu'est-ce que tu ressens ? », plutôt que : « Pourquoi ? »
- Laissez-lui de l'espace pour s'exprimer.
- Écoutez-le et reformulez ce qu'il ressent : « Tu n'as pas du tout envie de te coucher ? », plutôt que : « Il faut dormir pour être en forme demain » ; « Tu aimerais bien continuer à jouer ? », plutôt que : « Il faut prendre ton bain maintenant. »
- Reformulez ses émotions de manière empathique : « Je comprends que tu sois triste. »
- Poser des limites en respectant ses émotions. Lorsqu'un enfant s'oppose, il est essentiel de respecter son ressenti, mais pour autant, cela ne signifie pas tout accepter.

Les règles et les limites

Les règles et les limites sécurisent et structurent les enfants. Elles sont nécessaires à leur construction et sont de véritables boussoles pour les guider dans la vie. Et même si elles ne leur plaisent pas toujours, les enfants trouvent sécurisant de savoir ce que l'on attend d'eux et de savoir aussi que les autres ont également des besoins.

Un enfant qui joue joyeusement au bac à sable avec sa petite copine et à qui on annonce : « Allez, c'est l'heure de rentrer maintenant ! » a bien des raisons de ne pas être content et de piquer une colère.

Imaginez que vous êtes dans un café bien sympa en train de bavarder avec votre meilleure amie que vous n'avez pas vue depuis longtemps. Vous savourez ce moment si agréable. Mais voilà que votre conjoint surgit en vous disant : « Allez, ça suffit, on rentre maintenant ! » Vous êtes ravie, non ? Autant que l'enfant dans le parc…

Car même si je viens de passer 2 heures au parc avec lui, il se sent bel et bien frustré, donc il est tout à fait légitime qu'il soit en colère, tout comme il est légitime que je décide de rentrer.

Alors respecter mon enfant, c'est tout simplement l'accompagner dans son ressenti tout en lui posant une limite.

Dites plutôt à votre enfant : « Je comprends que tu n'aies pas envie de rentrer et que tu sois en colère, car tu aimerais rester jouer avec ta copine ; simplement, maintenant, il est l'heure de rentrer. »

De même, il est important de poser des limites aux gestes agressifs de nos enfants. Si votre enfant est violent avec un autre enfant, dites : « Je peux comprendre que tu sois fâché contre ton petit copain qui t'a pris ton jouet ; simplement, je t'interdis de le frapper. »

EXERCICE

Poser des limites à ses ados grâce à la communication émotionnelle

SITUATION N° 1

Chaque jour, c'est la même histoire : après avoir mangé rapidement et en prenant à peine le temps de répondre à vos questions sur leur journée, vos deux préados quittent la table en courant pour retourner dans leur chambre et vaquer à des occupations bien plus intéressantes pour eux que déguster un bon petit plat préparé avec amour ou discuter avec leur maman. Alors, de là à espérer qu'ils débarrassent... !

Vous en avez assez et avez décidé de leur parler. Prenez d'abord le temps de clarifier vos émotions et vos besoins.

Quelles sont vos émotions ?

....

....

Quels sont vos besoins ?

....

....

Exprimez ce que vous souhaitez leur dire :

Observation : ....

Sentiment(s) : ....

Besoin(s) : ....

Demande : ....

Voici une formulation possible :

Prenez d'abord le temps de leur dire que vous souhaitez leur parler et trouvez le moment propice. Évitez de leur parler sous le coup de la colère. Asseyez-vous tranquillement avec eux et dites-leur :

Observation : « Lorsque je vous vois trépigner en attendant la fin du repas, puis une fois le dessert pris, vous précipiter dans vos chambres

alors que je suis en train de vous poser des questions sur votre journée… Et lorsque vous sortez de table sans débarrasser… »
Sentiment(s) : « Je suis vraiment en colère et, en même temps, je suis découragée… »
Besoin(s) : « Car j'ai besoin de partage lors des repas et de responsabilité de votre part dans le fait de m'aider. »
Demande : « Êtes-vous d'accord pour que le temps du repas soit un temps d'échange familial, où chacun peut s'exprimer sur ce qu'il souhaite, et aussi que nous organisions un tour pour débarrasser la table ? »
Quant à leur demander d'apprécier vos petits plats, dites-vous que cela viendra le jour où ils seront en cité universitaire et devront se faire à manger tout seuls… !

SITUATION N° 2

Votre adolescent de 16 ans est sorti samedi soir à une fête d'anniversaire chez un voisin. Malgré votre demande de rentrer à 11 heures, il est rentré à minuit et n'a pas répondu au téléphone lorsque vous avez essayé de l'appeler. Vous vous êtes inquiété jusqu'au moment où vous avez entendu la clé dans la serrure. Vous décidez de lui parler le lendemain.

Quels sont vos sentiments ?

…………………………………………………………………………

…………………………………………………………………………

Quels sont vos besoins ?

…………………………………………………………………………

…………………………………………………………………………

Exprimez ce que vous souhaitez lui dire :

Observation : ………………………………………………………

Sentiment(s) : ……………………………………………………

Besoin(s) : …………………………………………………………

Demande : …………………………………………………………

Voici une formulation possible :
Observation : « Hier soir, alors que je t'avais demandé de rentrer à 11 heures, tu es rentré à minuit. »
Sentiment(s) : « Je suis très en colère et, hier soir, j'étais très inquiet. »
Besoin(s) : « J'ai besoin que tu respectes les horaires fixés et de pouvoir continuer à avoir confiance en toi. »
Demande : « Peux-tu donc bien m'expliquer ce qui s'est passé ? »
Dans bien des situations, l'adolescent a besoin de sentir que ses parents lui font confiance, et ce, même lorsqu'il tente de transgresser les règles.

VÉCU

Mon fils de 25 ans m'a dit dernièrement :
« Tu sais, je n'ai jamais fait de grosses bêtises,
car quand j'en avais envie, je pensais à toi
et à la confiance que tu avais en moi, et je me disais
"non", c'est bon là. Maintenant, c'est sûr que j'ai fait
plein de petites bêtises, c'est normal, j'étais ado ! »

Adrien, 50 ans

L'adolescent éprouve de nombreuses émotions contradictoires, car il vit une phase de transition entre l'enfance et l'âge adulte ; il nous fait parfois passer à notre tour par tous les états émotionnels qu'il traverse.

Savoir communiquer, exprimer notre ressenti, écouter ou deviner avec empathie les émotions de notre adolescent, craquer parfois… c'est le chemin difficile, mais nécessaire de l'accompagnement vers une vie d'adulte.

12. QUAND LES ÉMOTIONS ENTRENT AU BUREAU

Et si nous rêvions d'un monde professionnel où les émotions seraient les bienvenues, où les salariés pourraient exprimer sans peur leurs ressentis et surtout seraient écoutés. Des entreprises où les managers n'auraient pas peur de paraître faibles en parlant de leurs émotions.

Un monde professionnel où il ferait bon vivre, travailler, être ensemble, et, soyons fous, où nous serions heureux !

Ce rêve d'un bonheur au travail est pourtant à notre portée ; il suffit de quelques dirigeants éclairés, de quelques managers qui acceptent de vivre leurs émotions et de quelques salariés qui osent en parler.

LA PRESSION DU TRAVAIL

L'entreprise est le lieu où l'on se doit d'être sérieux, en totale maîtrise de ce que l'on ressent. Éprouver de l'émotion et la montrer est souvent perçu comme un signe de faiblesse que l'on préfère cacher, voire refouler, plutôt que de ternir son image d'homme ou de femme invincible capable de résister au stress et à une forte pression.

Dans l'entreprise, on privilégie la méthode, la rigueur, la rationalité, la technicité et l'efficacité. Et s'il est de bon ton d'exprimer de la joie (pas trop bruyamment tout de même), la colère, la tristesse, la peur sont mal perçues.

À force d'accumuler les mécontentements et les pressions, certaines personnes finissent par craquer et se retrouvent en burn out. Le « burn out », ou syndrome d'épuisement professionnel, se caractérise par un état d'épuisement général, à la fois psychique, émotionnel et mental. Il est considéré comme le résultat d'un stress professionnel chronique : ne parvenant pas à faire face aux exigences adaptatives de son environnement professionnel, l'individu voit son énergie, sa motivation et son estime de soi décliner.

Rester connecté à ses émotions dans le milieu professionnel permet de ressentir ce qui se passe en soi face à telle ou telle situation stressante et de pouvoir y faire face en exprimant ce qui ne va pas afin de ne pas accumuler trop de tensions anxiogènes.

EXERCICE

Dans votre contexte professionnel, repérez les situations qui déclenchent des émotions négatives en vous :

SITUATION N° 1

Émotions :

....

Que ressentez-vous physiquement et psychiquement ?

....

Comment gérez-vous la situation ?

....

SITUATION N° 2

Émotions :

....

Que ressentez-vous physiquement et psychiquement ?

....

Comment gérez-vous la situation ?

....

SITUATION N° 3

Émotions :

....

Que ressentez-vous physiquement et psychiquement ?

....

Comment gérez-vous la situation ?

....

Les émotions, la motivation et l'efficacité

Pour les entreprises, une meilleure prise en compte des émotions au travail permet de gagner en efficacité, en énergie et en productivité. Les conflits mal gérés, les changements mal conduits et les organisations mal menées génèrent des frustrations, source d'émotions négatives qui, à leur tour, bloquent la réalisation de projets.

À savoir

Selon une enquête de CareerBuilder, 77 %
des dirigeants interrogés déclarent privilégier l'intelligence

émotionnelle d'un employé par rapport à son quotient intellectuel.

Enquête réalisée en juin 2011 auprès d'un échantillon de 547 dirigeants basés au Royaume-Uni, en France, en Allemagne, en Italie et en Suède. En France, l'échantillon était de 111 personnes.

L'émotion est une énergie formidable qui peut être utilisée pour donner un supplément d'âme au travail, afin de permettre à des personnes de travailler ensemble dans la compréhension et l'acceptation. C'est un moteur qui connecte les personnes entre elles de manière plus profonde et humaine, créant, par là même, une réelle motivation.

« Le développement de l'empathie en milieu professionnel permet de développer la reconnaissance mutuelle et la satisfaction. »

Les émotions, le vécu et les ressentis peuvent être mis à profit afin de mobiliser les énergies, construire l'unité de l'équipe et impliquer les salariés dans les valeurs de l'entreprise.

Le lien entre action et émotion, ainsi que le rôle moteur de l'émotion dans la motivation, commencent à être perçus par de nombreux dirigeants.

VÉCU

La semaine dernière, mes résultats n'ont pas été à la hauteur des objectifs que m'avait fixés mon nouveau responsable. Il m'a convoqué dans son bureau en me disant que je ne m'étais pas foulé cette semaine et que j'avais intérêt à appuyer sur l'accélérateur,

car ça n'était pas la première fois, et que la direction m'avait dans le collimateur !
Je suis sorti de cet entretien anxieux en me disant que, pourtant, je faisais le maximum et que la crise qui affectait notre secteur d'activité y était pour quelque chose. J'aurais aimé que mon responsable m'écoute un peu et, surtout, qu'il m'aide à mettre en place une stratégie qui fasse remonter mon chiffre d'affaires. Mais là, du coup, je me suis senti démotivé, car je ne vois pas comment je peux y arriver. De plus, je suis un peu humilié par la façon dont il m'a parlé.

Simon, 45 ans

LES DÉFIS PROFESSIONNELS, SOURCE D'ÉMOTIONS NÉGATIVES

Les enjeux et défis professionnels quotidiens sont source d'émotions qu'il convient d'entendre et de laisser vivre afin de les transformer en énergie positive et constructive pour tous.

Les changements de stratégie, les rachats d'entreprises, les réorganisations et les privatisations entraînent souvent des émotions négatives fortes et douloureuses qui peuvent même s'apparenter à un processus de deuil et se traduire par des démotivations et des refus du changement.

Ces changements, lorsqu'ils sont bien accompagnés et qu'ils prennent en considération les émotions ressenties, vont alors pouvoir se dérouler de manière plus fluide.

Les besoins au travail

Tout comme sur le plan personnel, les besoins non satisfaits au travail entraînent des émotions négatives, source de démotivation.

EXERCICE

Vos besoins professionnels sont-ils satisfaits ? Si oui, comment ? Si non, comment aimeriez-vous qu'ils le soient ?

Besoin de sécurité :

....

Besoin de communication :

....

Besoin de reconnaissance :

....

Besoin d'évolution :

....

Besoin de réalisation personnelle :

....

Besoin d'autonomie :

....

Besoin de respect :

....

Besoin d'appartenance :

....

Un mode de communication émotionnelle

L'entreprise est le lieu de toutes les communications et les émotions en sont le socle. Elles vont permettre de réguler les relations et les situations difficiles en verbalisant les ressentis. Elles vont donner du sens à ce qui est vécu afin de faire évoluer positivement la relation, tout en apprenant à connaître davantage l'autre.

Les émotions permettent également de se sentir relié et de faire partie d'un groupe, d'être en relation et non plus seul face à une situation inconnue ou difficile.

La qualité des liens entre les membres d'une équipe est fondamentale pour réduire le stress face aux situations difficiles et angoissantes.

L'intelligence émotionnelle au travail

Selon Daniel Goleman, les cinq compétences élémentaires et essentielles dans la vie professionnelle sont :

1. La conscience de soi : être toujours conscient de ses émotions et les utiliser pour orienter ses décisions.

2. La maîtrise de soi : gérer ses émotions de façon à ce qu'elles facilitent le travail au lieu d'interférer avec lui et de récupérer rapidement d'une perturbation émotionnelle.

3. La motivation : utiliser ses envies les plus profondes comme une boussole qui guide vers ses objectifs. Elle aide à prendre des initiatives, à optimiser son efficacité et à persévérer malgré les déconvenues et les frustrations.

4. L'empathie : être à l'unisson des sentiments d'autrui, être capable d'adopter leur point de vue et entretenir des rapports harmonieux avec une grande variété de personnes.

5. Les aptitudes humaines : bien utiliser ses émotions dans ses relations avec autrui et déchiffrer avec acuité les situations et les réseaux humains. Utiliser ces aptitudes pour persuader, guider, négocier et régler les différends, pour coopérer et animer des équipes.

Déclencheurs d'émotions négatives au travail

Dans un contexte professionnel, la communication émotionnelle permet d'exprimer ses émotions de manière libératrice pour soi et acceptable pour son interlocuteur. Ainsi, une situation ne s'enlisera-t-elle pas dans la non-compréhension et le conflit, ce qui est toujours dommageable pour les personnes et l'équipe.

Dans les relations professionnelles, nous pouvons retrouver trois principales situations génératrices d'émotions négatives :
1. Se sentir victime d'un **manque de respect**, d'un manque de reconnaissance ou d'une humiliation.
2. Se sentir victime d'une **injustice.**
3. Observer un **comportement que l'on juge amoral** chez un collègue.

Situation N° 1

Un collègue, travaillant avec vous sur un projet, vous fait une remarque humiliante en réunion.

- Repérez les réactions de votre corps : mal de ventre, oppression thoracique, serrement dans la gorge, sensation de chaleur...
- Respirez par le ventre en allongeant l'expiration. Ne réagissez pas immédiatement, le temps de vous calmer.
- Si l'on vous sollicite, dites que ce que vous venez d'entendre vous perturbe et que vous avez besoin de prendre l'air quelques minutes avant de réagir.
- Repérez vos émotions : ....
- Repérez vos besoins : ....

En général, il est préférable de gérer ce type de situation en aparté afin de ne pas blesser en retour le collègue devant des témoins, ce qui aurait pour effet de perpétuer un conflit. Après la réunion, demandez à parler à votre collègue dans un endroit tranquille.

Exprimez ce que vous souhaitez lui dire :
Observation : « Lorsque, ce matin, lors de la réunion, je t'ai entendu dire que mon rapport faisait preuve de peu de réflexion. »
Sentiment(s) **:** « Je me suis sentie vexé et en colère. »
Besoin(s) **:** « Car j'ai besoin de respect et de reconnaissance de mon travail, j'ai besoin également de confiance dans notre relation de travail. »

Demande : « Alors je te demande dorénavant, lorsque tu auras une remarque à faire sur mon travail, de me le dire en aparté et non pas en réunion. »

Situation N° 2

Votre manager vous fait un reproche que vous considérez injustifié et injuste.

- Écoutez, même si vous mourez d'envie de clamer votre innocence.
- Respirez par le ventre.
- Prenez le temps de bien comprendre la situation en posant éventuellement des questions.
- Reformulez ce qu'il vient de dire.
- Pratiquez l'empathie et reformulez les sentiments de votre responsable hiérarchique :

« Je peux comprendre votre étonnement, votre mécontentement… »

Puis, lorsque votre manager est prêt à vous écouter, **exprimez vos émotions :** « Je suis très étonné, irrité, en colère, inquiet, frustré… »

Exprimez vos besoins : « J'ai besoin d'équité, de reconnaissance, de considération, de confiance… »

Pour finir, expliquez calmement votre point de vue sur la situation.

Situation N° 3

Vous entendez votre collègue dire du mal d'une collègue absente à votre manager. Cela vous choque.

- **Ne jugez pas :** cela n'aurait pour effet que de la « braquer ». Dites-vous qu'elle a probablement des raisons valables pour agir de la sorte.
- **Ne confondez pas ce que fait une personne et ce qu'elle est.** C'est le comportement de cette collègue qui vous gêne et non pas ce qu'elle est.

- **Utilisez le « JE » responsable.**

Exprimez ce que vous souhaitez lui dire :
Observation : « Lorsque je t'entends dire du mal de notre collègue à notre directrice… »
Sentiment(s) : « Je me sens vraiment choqué et déstabilisé. »
Besoin(s) : « Car j'ai besoin de respect, de solidarité et de confiance dans l'équipe. »
Demande : « Qu'est-ce que cela te fait quand je te dis cela ? »

Quand la relation client est difficile

À cause du contact avec des clients difficiles, mécontents ou en souffrance, certains postes de travail sont plus pénibles que d'autres : les services sociaux, les urgences, les services après vente, les lignes de caisse… L'employé doit accueillir de façon professionnelle les clients, ce qui l'oblige à refréner ses émotions négatives. C'est bien entendu préjudiciable à son équilibre, à plus ou moins long terme.

Le rôle de l'entreprise est de former ses employés à la gestion des clients difficiles et à celle de leurs émotions. Ainsi pourront-ils exprimer leurs ressentis, comprendre les comportements agressifs et adopter la bonne attitude.

LE MANAGER ÉMOTIONNEL

La dimension émotionnelle pour les managers et l'entreprise est fondamentale. La confrontation à des changements de plus en plus fréquents, l'impératif d'adaptation, la participation à des équipes multiculturelles et le développement du management transversal impliquent une mobilisation des affects et des émotions de plus en plus fréquente.

En étant conscient de ses émotions, le manager va pouvoir à son tour accompagner ses collaborateurs avec plus

d'humanité et de connexion. Il favorisera les initiatives et développera l'énergie et la motivation de son équipe.

> « Un manager à l'écoute et empathique sait prendre en considération chaque membre de son équipe. Sans la dimension émotionnelle, les collaborateurs tout comme lui ne pourront pas déployer tout leur potentiel. »

Le manager émotionnel sait favoriser la confiance, l'enthousiasme, l'implication, l'engagement, mais il sait aussi écouter la colère, l'indignation, la préoccupation, l'inquiétude, la peur, le doute, la tristesse.

Il a compris que toutes les émotions sont utiles, à partir du moment où elles sont libérées pour donner du sens à l'action et pour mobiliser les équipes.

Il n'a pas peur de ses émotions et s'autorise à les montrer à ses collaborateurs. Les managers qui réussissent ne sont pas les plus intelligents ou les plus rigoureux, ni même les plus inventifs, mais ceux qui s'impliquent avec conviction, qui donnent envie par leurs émotions.

Vous êtes manager… ? En acceptant de montrer vos émotions, vous faites preuve d'authenticité et serez perçu positivement par vos collaborateurs. En acceptant les émotions de vos collaborateurs, vous créerez une relation de confiance.

Dans l'entreprise, les émotions peuvent devenir un véritable « booster » d'énergie pour l'équipe.

Le manager émotionnel écoute

Quelle que soit l'équipe que vous dirigez, votre rôle de manager implique que vous soyez à l'écoute. Vous ne pouvez pas simplement donner des directives sans tenir compte de ce que vos collaborateurs pensent. Savoir écouter ce qui se vit dans votre équipe, la vision, les envies, les projets et les ressentis de vos collaborateurs constitue un aspect important de la réussite managériale.

Lorsque le stress vécu par une équipe ou par un collaborateur devient inhibiteur de réussite, c'est grâce à l'écoute que vous pourrez mettre en place une stratégie plus adaptée.

Le manager émotionnel encourage

Le manager émotionnel sait envoyer des signes de reconnaissance à ses collaborateurs, car il sait que c'est l'une des clés de la motivation. En effet, une personne qui se sent reconnue va avoir envie de donner le meilleur d'elle-même et va être motivée.

Envoyer des signes de reconnaissance à une personne, c'est lui montrer qu'on la prend en considération. Ces signes peuvent être positifs ou négatifs.

- **Les signes de reconnaissance positifs :** ce sont une bonne énergie que l'on envoie à son collaborateur, ce sont des « boosters » de motivation.

Ils engendrent le plaisir, l'épanouissement, la confiance en soi et dans les autres. Ils se manifestent par une écoute active, l'empathie, les remerciements, le sourire sincère, la promotion, les compliments, les félicitations, les encouragements, les responsabilités, la marque de confiance, la délégation…

- **Les signes de reconnaissance négatifs :** ils créent le déplaisir, la méfiance, la démotivation et le mal-être.

Ce sont un sourire hypocrite, une critique, un regard méprisant, le dos tourné, un haussement d'épaules, des moqueries…

Nous préférons évidemment les signes de reconnaissance positifs et nous n'aimons pas les négatifs. Cependant, le pire est l'indifférence, car l'individu ne supporte pas l'ignorance. Nous allons donc voir ci-dessous comment encourager et comment faire une critique constructive à un collaborateur.

Coaching manager : l'encouragement

Chaque personne a besoin d'être reconnue dans ses efforts et ses succès. Les encouragements et félicitations sont une stimulation ; ils donnent envie de progresser.

Les conditions nécessaires : être sincère et éviter à tout prix la flatterie, car le manque de sincérité est IMMÉDIATEMENT perceptible.

Les étapes d'un encouragement

1. Annoncer de manière neutre l'objet de l'entretien : « Je voudrais vous parler de votre travail, de vos résultats… »
2. Enchaîner immédiatement sur les félicitations.
3. Expliquer le motif des félicitations : « Je tiens à vous féliciter parce que… »
4. Exprimer son émotion : « J'en suis heureux. »
5. Suggérer les bénéfices pour le collaborateur et pour l'organisation.
6. Conclure en l'encourageant à continuer dans cette voie.

Le manager émotionnel recadre en motivant

Le recadrage d'un collaborateur est un art délicat. Si vous le faites de façon trop spontanée, vous risquez d'obtenir le contraire de ce que vous souhaitiez. En effet, votre intention est de réajuster l'action de votre collaborateur et non de le décourager et de le démotiver.

« Cadrer un collaborateur ce n'est pas le casser. »

Une remarque constructive est une remarque qui va réajuster l'action ou le comportement, qui va remotiver le collaborateur et lui donner envie de rectifier l'erreur. Il ne s'agit pas de remettre en question la personne, mais son comportement.

À partir du moment où la remarque est exprimée de manière vexante ou humiliante, cela va générer des émotions négatives chez le collaborateur qui seront préjudiciables pour tous.

Demandez-vous quel est votre objectif ? Inciter votre collaborateur à adopter un autre comportement et à corriger son action ? Alors soyez convaincu que ça n'est pas en le vexant par une remarque qu'il va avoir envie de changer.

Coaching manager : faire une remarque

Les conditions nécessaires :

- S'exprimer en privé, sans témoin.
- Exposer une seule critique à la fois.
- Exposer objectivement sa critique, en termes de faits et non d'opinion, d'interprétation ou de jugement.
- Suggérer des objectifs réalistes et accepter la discussion, voire la critique.

Les étapes d'une remarque :

1. Annoncer l'objectif de l'entretien, sans atermoiements ni agressivité.
2. Décrire les faits reprochés : description objective, chiffrée et datée si possible, et ne rapporter que des faits que vous avez constatés vous-même ou soigneusement vérifiés.
3. Exprimer ses émotions : « Je suis mécontent de ce travail… »
4. Exprimer ses besoins : « J'ai besoin du respect des procédures, de coopération… »
5. Laisser le collaborateur répondre, en écoutant attentivement son point de vue.
6. Expliquer son point de vue et les conséquences négatives des faits reprochés : pour les clients, l'image de marque, par rapport à la politique et aux règles de l'entreprise.

7. Trouver une solution, si possible élaborée en commun, à défaut, proposée et discutée avec le collaborateur, en insistant sur les conséquences positives pour lui.
8. Fixer un plan d'action, assorti d'un délai.

La qualité de la relation d'un collaborateur avec son responsable hiérarchique joue sur son bien-être au travail et sa fidélité à l'entreprise. C'est pourquoi intégrer l'émotionnel dans les pratiques managériales devient une nécessité humaine, mais également économique pour l'entreprise.

« L'intelligence émotionnelle d'un dirigeant est déterminante dans l'entreprise. »

L'entreprise est un lieu où les gens vivent ensemble, partagent des objectifs et des projets.

Une équipe ressent parfois de la joie, mais aussi de la déception, de l'inquiétude, de la frustration… C'est le lieu de toutes les émotions.

Les entreprises qui ne développent pas cette intelligence émotionnelle augmentent le risque de développer des vulnérabilités, que l'on pourrait nommer « somatisations économiques ».

CONCLUSION

Ce qui nous fait souffrir dans la vie, ce sont bien nos résistances à accepter ce qui est là maintenant, la réalité. C'est en acceptant nos émotions négatives, en les comprenant et en y donnant du sens que nous pourrons les apprivoiser et nous libérer.

Car plus nous résistons à notre ressenti, moins nous serons présents à ce que nous vivons ici et maintenant. L'énergie que nous déployons alors pour refréner nos émotions va être contre-productive et nous desservir. Nous aimerions tous avoir une vie remplie d'émotions positives. Mais l'existence n'est pas faite pour se conformer en permanence à nos désirs.

Si nous acceptons les émotions négatives telles qu'elles se présentent, alors nous souffrirons moins.

Les émotions négatives ont beaucoup de choses à nous apprendre si nous savons les écouter. Elles ont surtout besoin d'être entendues, comprises, acceptées et libérées.

Aussi, la prochaine fois que vous ressentirez une émotion négative, dites-vous que c'est une partie de vous qui souffre et qui a besoin de s'exprimer. Entretenez un dialogue intérieur avec elle : « Oui, je t'entends, je te ressens… Qu'as-tu à me dire, à me faire comprendre, de quoi as-tu besoin et comment puis-je te libérer ? »

Et écoutez-vous…

BIBLIOGRAPHIE

Du même auteur

Les 50 règles d'or de l'intelligence émotionnelle, Larousse 2016

Les 50 règles d'or anti burn-out, Larousse 2016

Les 50 règles d'or de la pensée positive, Larousse 2017

Moins c'est mieux, Larousse 2018

Pour en savoir plus

www.latifagallo.com

Autres ouvrages

ANDRÉ Christophe et MUZO

Je dépasse mes peurs et mes angoisses, coll. « Points », Seuil, 2010.

ARRIVÉ Jean-Yves

Les 50 Règles d'or pour bien gérer ses émotions, coll. « Les Mini Larousse », Larousse, 2015.

Savoir vivre ses émotions, Retz, 2004.

DI DANIEL Valérie

50 Exercices pour gérer ses émotions, Eyrolles, 2012.

FILLIOZAT Isabelle
Cahier de travaux pratiques pour apprendre à gérer ses émotions, coll. « Poche », Marabout, 2010.

GARIBAL Gilbert
Émotions : mode d'emploi, Dangles, 2005.

GOLEMAN Daniel
L'Intelligence émotionnelle, J'ai lu, 1995, nouvelle éd, 2003.

KOTSOU Ilios
Petit Cahier d'exercices d'intelligence émotionnelle, Jouvence, 2012.

LARIVEY Michelle
La Puissance des émotions, coll. « Pocket », Les Éditions de l'Homme, 2011.

ROSENBERG Marshall
Les mots sont des fenêtres, La Découverte, 2005.

THALMANN Yves-Alexandre
Le Décodeur des émotions, First, 2013.

TISSERON Serge
Vérités et mensonges de nos émotions, Lgf, 2011.

Les Éditions Larousse utilisent des papiers composés de fibres naturelles, renouvelables, recyclables et fabriquées à partir de bois issus de forêts qui adoptent un système d'aménagement durable. En outre, les Éditions Larousse attendent de leurs fournisseurs de papier qu'ils s'inscrivent dans une démarche de certification environnementale reconnue.

PAPIER À BASE DE FIBRES CERTIFIÉES

LAROUSSE s'engage pour l'environnement en réduisant l'empreinte carbone de ses livres. Celle de cet exemplaire est de : 450 g éq. CO_2
Rendez-vous sur www.larousse-durable.fr

Photogravure : Nord Compo
Imprimé en Espagne par BLACKPRINT CPI IBERICA SL
Dépôt légal : avril 2021
327876/03 - 11050282 - mai 2022